글 정소정 | 그림 허현경, 조승연

웅진주니어

이 책의 특징

어휘를 알면 독해가 쉽다! 어휘력을 빵빵하게 키워 독해를 쉽게 할 수 있습니다.

글을 읽고도 무슨 뜻인지 모르는 이유가 무엇일까요? 글을 읽고 그 내용을 이해하는 능력인 독해력이 부족하기 때문입니다. 독해력은 문장을 읽고 이해하는 능력인 문해력과도 연결됩니다. 문해력을 기르려면 어휘력이 바탕이 되어야 합니다. 『어휘로 잡는 빵빵 독해』에서는 어휘의 의미와 쓰임을 다양한 상황으로 구성해 보여 줌으로써 아이들이 어휘를 쉽게 이해할 수 있게 하였습니다. 또한 이렇게 익힌 어휘를 짧은 문장으로 확인하는 문제를 통해 문해력을 키우고 긴 글까지 확장해 이해할 수 있도록 하였습니다.

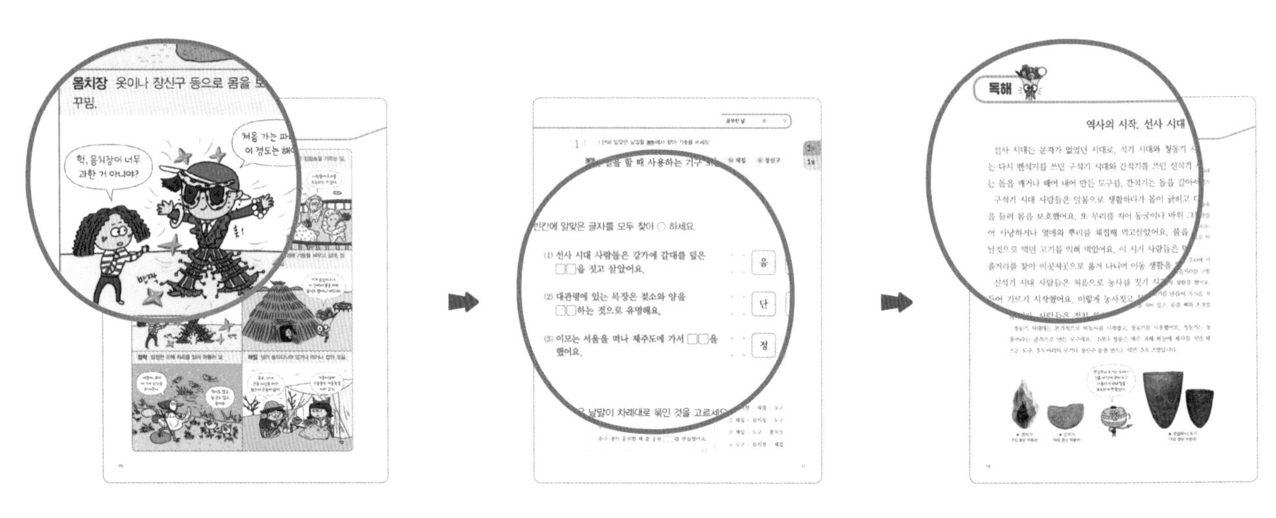

초등 교과와 연계한 독해 프로그램으로, 교과 지식을 넓힐 수 있습니다.

초등 사회 교과서에 나오는 주제로 구성된 다양한 지문을 통해 독해 능력을 키우고 교과 공부에 필요한 기초 지식도 키울 수 있도록 하였습니다. 또 '교과서 속 책 읽기'를 통해 초등 및 중등 국어 교과서에 나오는 지문을 미리 읽어 보는 경험을 할 수 있습니다.

주	일차	학습 주제	주	일차	학습 주제
1주 초기 국가	1	선사 시대의 생활 모습	3주 삼국 시대 2	1	신라의 발전 과정
	2	고조선의 건국과 발전		2	신라 최초의 여왕
	3	한반도에 등장한 여러 나라		3	백제와 고구려의 멸망
	4	삼국의 탄생 이야기		4	삼국 문화의 특징
	5	가야의 건국과 발전		5	삼국 사람들의 생활 모습
2주 삼국 시대 1	1	백제의 발전 과정	4주 남북국 시대	1	신라의 삼국 통일
	2	백제와 왜의 교류		2	신라의 불교문화
	3	고구려의 발전 과정		3	신라 말 왕위 다툼과 호족 등장
	4	고구려와 수의 전쟁		4	발해의 건국과 성장
	5	고구려와 당의 전쟁		5	발해의 전성기
교과서 속 책 읽기			교과서 속 책 읽기		

한 번에 끝내자! 오늘 학습은 오늘 끝내는 성취감을 느낄 수 있습니다.

어휘와 독해를 하루에 하나씩! 1주 6일, 4주 한 권 완성으로 학습 성취감을 높입니다. 부담 없이 학습할 수 있도록 쉽고 간결하게 구성하였으며, 날마다 학습한 날짜를 기록하면서 아이 스스로 꾸준히 학습할 수 있도록 하였습니다.

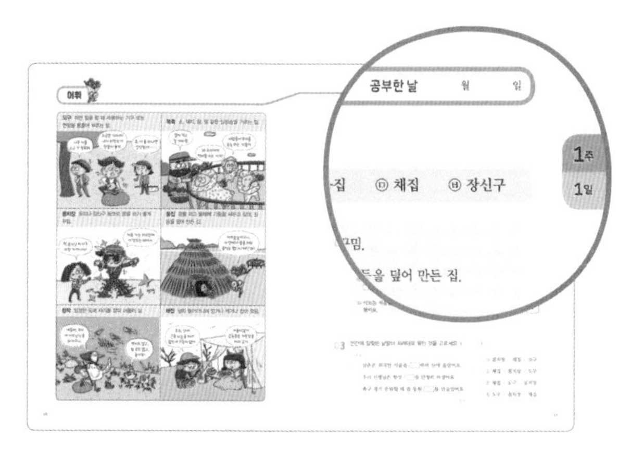

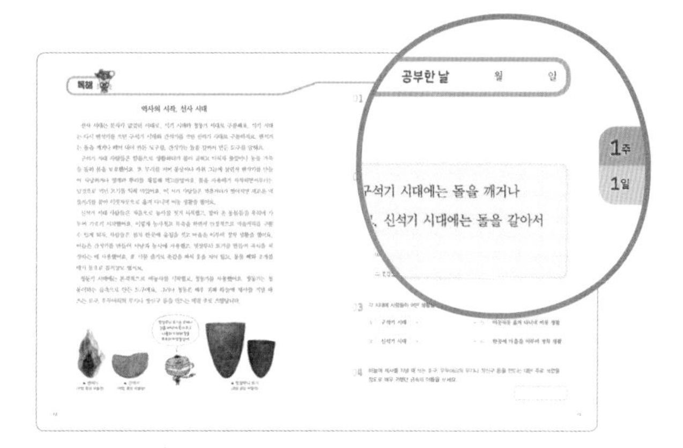

친근한 빵 친구들이 어휘와 독해 학습의 재미를 높여 줍니다.

또띠

폭소리 나는 토르티야. 아는 것이 많고 생각도 많다. 모르는 게 있으면 빨리 알아봐야 직성이 풀리는 성격. 그래서 머리에 항상 돋보기, 스마트폰 등을 넣고 다닌다.

빵이

푸근한 식빵. 웃음이 많다. 감정이 풍부하여 잘 웃고, 부끄러움을 잘 탄다. 새로운 사실을 알았을 때는 얼굴이 부풀었다 쭈그러들었다를 반복한다.

핫또야

장난꾸러기 핫도그. 심심한 걸 견디지 못해 케첩 같은 소스를 뿌려 대며 말썽을 일으키기도 하지만 악의는 없다.

롱이

수다쟁이 마카롱. 무조건 아는 척을 잘하며 모든 일을 참견하고 싶어 이곳저곳을 기웃거린다.

소라

수줍음이 많은 소라빵. 호기심도 많다. 무엇인가 골똘히 생각할 때는 커다란 모자에 몸을 숨기기도 하고, 놀라면 모자가 들썩이는 등 과한 리액션이 매력이다.

꽈리

투덜이 꽈배기. 무슨 일이든지 일단 투덜거리고 본다. 싫을수록 몸이 더 배배 꼬이고, 몸에 묻은 설탕을 털면서 온몸으로 거부한다.

이 책의 구성과 활용 방법

어휘 독해를 하기 전에 독해 지문에 나오는 어휘의 뜻을 익힙니다.

독해 초등 사회 교과서에 나오는 학습 주제를 담은 지문을 읽고 독해력을 기릅니다.

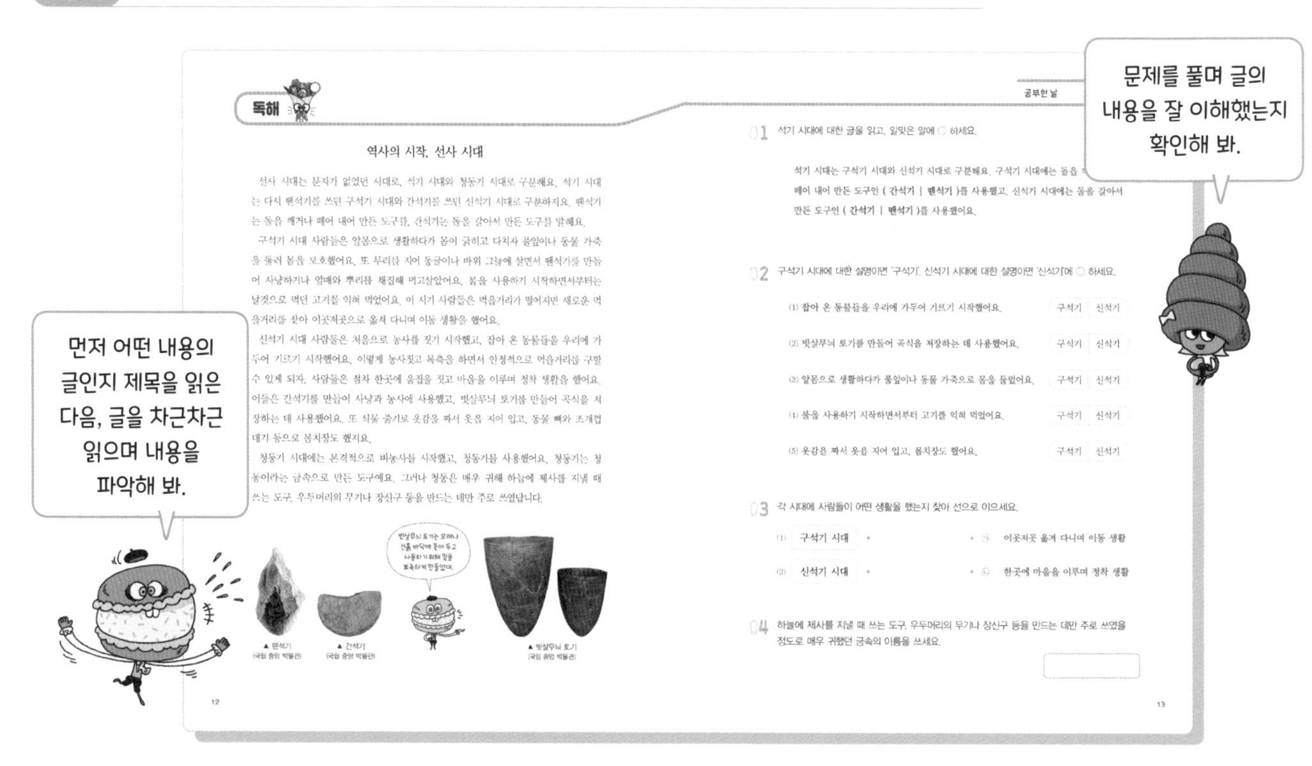

복습 한 주 동안 배운 내용을 낱말 퍼즐, 사다리 타기, 미로 등의 다양한 활동을 통해 복습합니다.

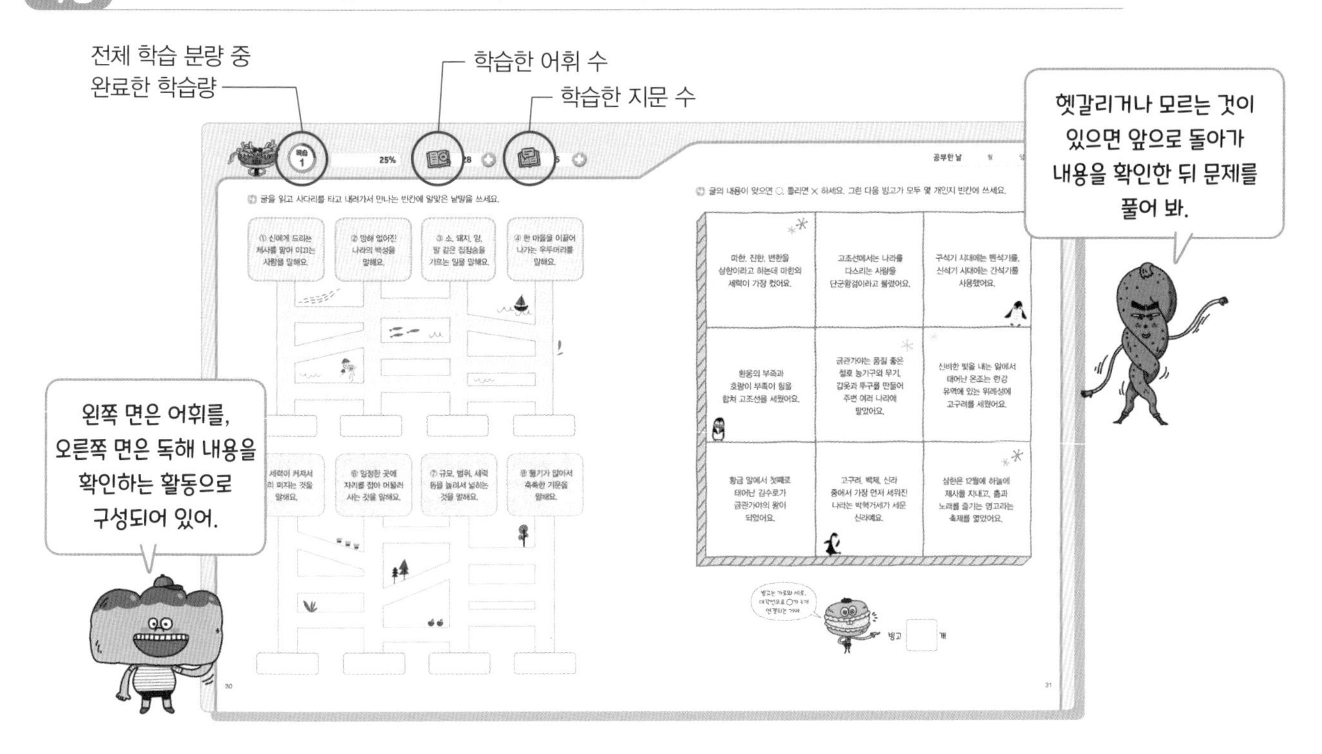

교과서 속 책 읽기 초등 및 중등 국어 교과서에 나오는 다양한 유형의 지문을 읽고 내용을 파악합니다.

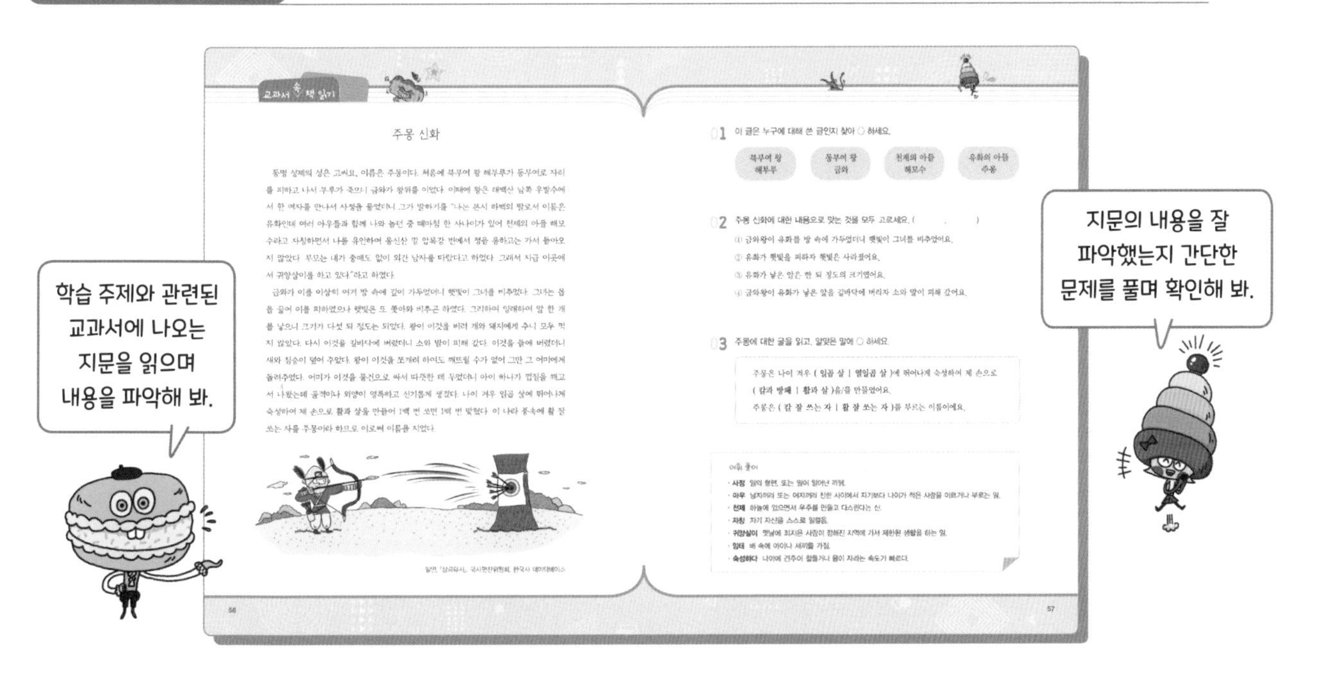

해답 어휘, 독해, 복습, 교과서 속 책 읽기 문제의 해답을 확인합니다.

찾아보기 헷갈리거나 모르는 어휘를 찾아봅니다.

차례

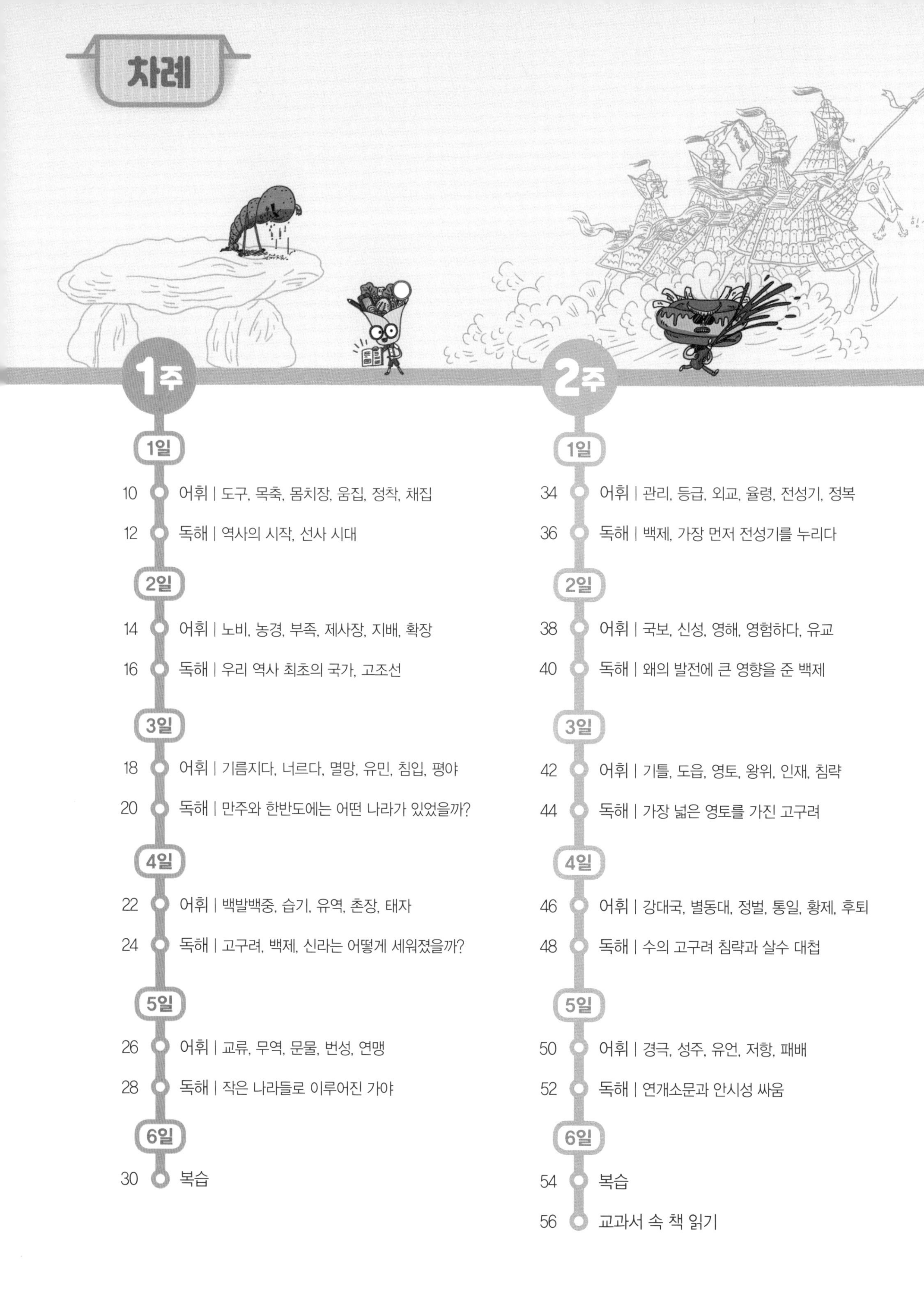

1주

1일
10 어휘 | 도구, 목축, 몸치장, 움집, 정착, 채집
12 독해 | 역사의 시작, 선사 시대

2일
14 어휘 | 노비, 농경, 부족, 제사장, 지배, 확장
16 독해 | 우리 역사 최초의 국가, 고조선

3일
18 어휘 | 기름지다, 너르다, 멸망, 유민, 침입, 평야
20 독해 | 만주와 한반도에는 어떤 나라가 있었을까?

4일
22 어휘 | 백발백중, 습기, 유역, 촌장, 태자
24 독해 | 고구려, 백제, 신라는 어떻게 세워졌을까?

5일
26 어휘 | 교류, 무역, 문물, 번성, 연맹
28 독해 | 작은 나라들로 이루어진 가야

6일
30 복습

2주

1일
34 어휘 | 관리, 등급, 외교, 율령, 전성기, 정복
36 독해 | 백제, 가장 먼저 전성기를 누리다

2일
38 어휘 | 국보, 신성, 영해, 영험하다, 유교
40 독해 | 왜의 발전에 큰 영향을 준 백제

3일
42 어휘 | 기틀, 도읍, 영토, 왕위, 인재, 침략
44 독해 | 가장 넓은 영토를 가진 고구려

4일
46 어휘 | 강대국, 별동대, 정벌, 통일, 황제, 후퇴
48 독해 | 수의 고구려 침략과 살수 대첩

5일
50 어휘 | 경극, 성주, 유언, 저항, 패배
52 독해 | 연개소문과 안시성 싸움

6일
54 복습
56 교과서 속 책 읽기

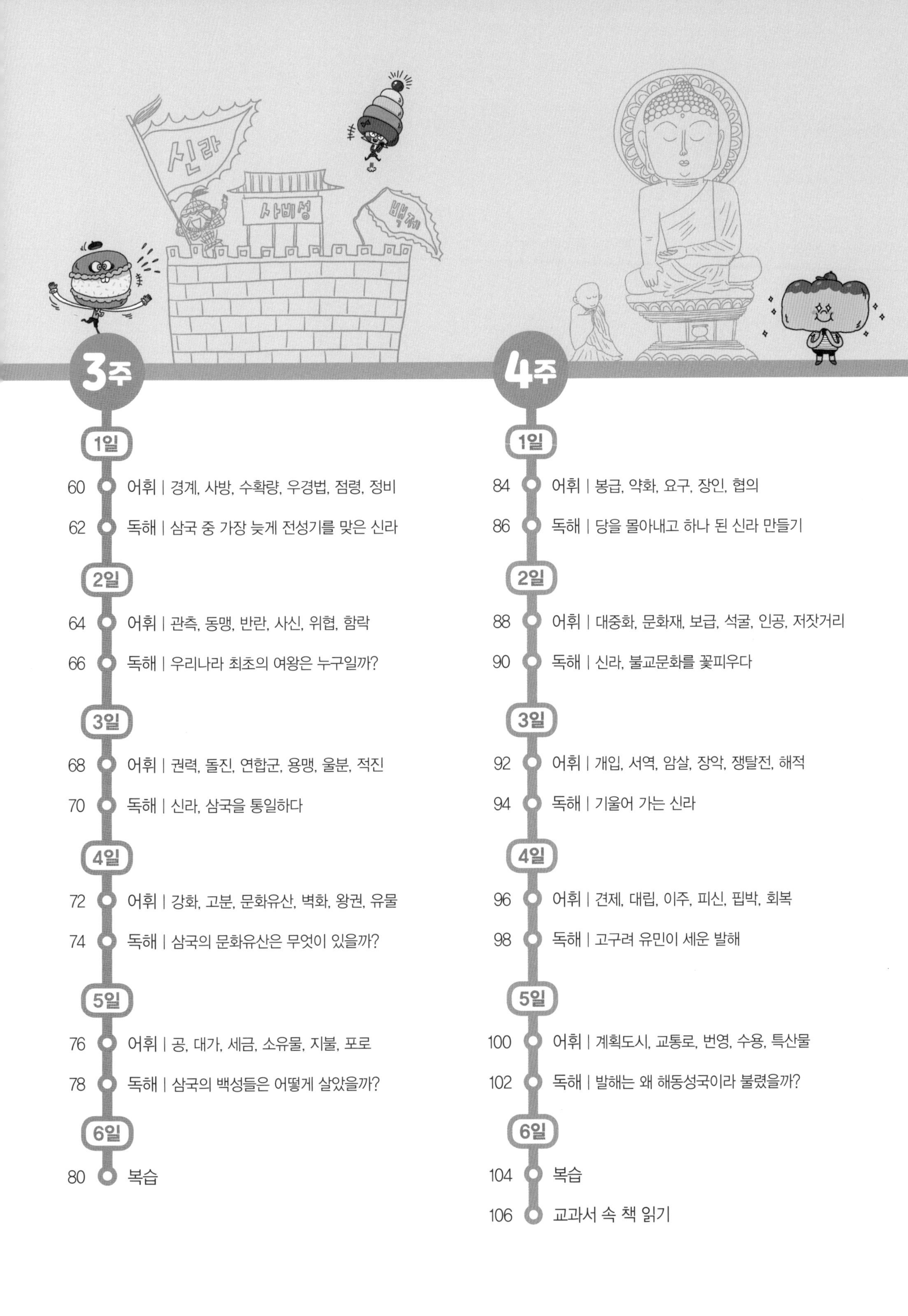

3주

1일
60 어휘 | 경계, 사방, 수확량, 우경법, 점령, 정비
62 독해 | 삼국 중 가장 늦게 전성기를 맞은 신라

2일
64 어휘 | 관측, 동맹, 반란, 사신, 위협, 함락
66 독해 | 우리나라 최초의 여왕은 누구일까?

3일
68 어휘 | 권력, 돌진, 연합군, 용맹, 울분, 적진
70 독해 | 신라, 삼국을 통일하다

4일
72 어휘 | 강화, 고분, 문화유산, 벽화, 왕권, 유물
74 독해 | 삼국의 문화유산은 무엇이 있을까?

5일
76 어휘 | 공, 대가, 세금, 소유물, 지불, 포로
78 독해 | 삼국의 백성들은 어떻게 살았을까?

6일
80 복습

4주

1일
84 어휘 | 봉급, 약화, 요구, 장인, 협의
86 독해 | 당을 몰아내고 하나 된 신라 만들기

2일
88 어휘 | 대중화, 문화재, 보급, 석굴, 인공, 저잣거리
90 독해 | 신라, 불교문화를 꽃피우다

3일
92 어휘 | 개입, 서역, 암살, 장악, 쟁탈전, 해적
94 독해 | 기울어 가는 신라

4일
96 어휘 | 견제, 대립, 이주, 피신, 핍박, 회복
98 독해 | 고구려 유민이 세운 발해

5일
100 어휘 | 계획도시, 교통로, 번영, 수용, 특산물
102 독해 | 발해는 왜 해동성국이라 불렸을까?

6일
104 복습
106 교과서 속 책 읽기

1주 초기 국가

1일

어휘 | 도구, 목축, 몸치장, 움집, 정착, 채집

독해 | 역사의 시작, 선사 시대

2일

어휘 | 노비, 농경, 부족, 제사장, 지배, 확장

독해 | 우리 역사 최초의 국가, 고조선

3일

어휘 | 기름지다, 너르다, 멸망, 유민, 침입, 평야

독해 | 만주와 한반도에는 어떤 나라가 있었을까?

5일

어휘 | 교류, 무역, 문물, 번성, 연맹

독해 | 작은 나라들로 이루어진 가야

4일

어휘 | 백발백중, 습기, 유역, 촌장, 태자

독해 | 고구려, 백제, 신라는 어떻게 세워졌을까?

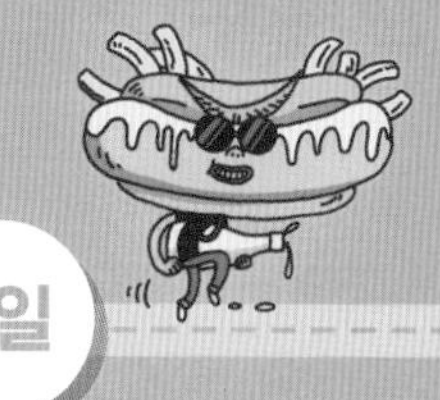

6일

복습

어휘

도구 어떤 일을 할 때 사용하는 기구 또는 연장을 통틀어 부르는 말.

목축 소, 돼지, 양, 말 같은 집짐승을 기르는 일.

몸치장 옷이나 장신구 등으로 몸을 보기 좋게 꾸밈.

움집 땅을 파고 둘레에 기둥을 세우고 갈대, 짚 등을 덮어 만든 집.

정착 일정한 곳에 자리를 잡아 머물러 삶.

채집 널리 돌아다니며 얻거나 캐거나 잡아 모음.

01 ( ) 안에 알맞은 낱말을 보기에서 찾아 기호를 쓰세요.

보기 ㉠ 정착 ㉡ 집짐승 ㉢ 연장 ㉣ 움집 ㉤ 채집 ㉥ 장신구

(1) 몸치장 : 옷이나 ( ) 등으로 몸을 보기 좋게 꾸밈.

(2) ( ) : 땅을 파고 둘레에 기둥을 세우고 갈대, 짚 등을 덮어 만든 집.

(3) 목축 : 소, 돼지, 양, 말 같은 ( )을 기르는 일.

(4) ( ) : 널리 돌아다니며 얻거나 캐거나 잡아 모음.

(5) ( ) : 일정한 곳에 자리를 잡아 머물러 삶.

(6) 도구 : 어떤 일을 할 때 사용하는 기구 또는 ( )을 통틀어 부르는 말.

02 빈칸에 알맞은 글자를 모두 찾아 ○ 하세요.

(1) 선사 시대 사람들은 강가에 갈대를 덮은 □□을 짓고 살았어요.

움 편 푹 집

(2) 대관령에 있는 목장은 젖소와 양을 □□하는 것으로 유명해요.

단 목 축 숨

(3) 이모는 서울을 떠나 제주도에 가서 □□을 했어요.

정 착 석 통

03 빈칸에 알맞은 낱말이 차례대로 묶인 것을 고르세요. ( )

- 삼촌은 희귀한 식물을 □하러 산에 올랐어요.
- 우리 선생님은 항상 □을 단정히 하셨어요.
- 축구 경기 응원할 때 쓸 응원 □를 만들었어요.

① 몸치장 – 채집 – 도구

② 채집 – 몸치장 – 도구

③ 채집 – 도구 – 몸치장

④ 도구 – 몸치장 – 채집

역사의 시작, 선사 시대

선사 시대는 문자가 없었던 시대로, 석기 시대와 청동기 시대로 구분해요. 석기 시대는 다시 뗀석기를 쓰던 구석기 시대와 간석기를 쓰던 신석기 시대로 구분하지요. 뗀석기는 돌을 깨거나 떼어 내어 만든 도구를, 간석기는 돌을 갈아서 만든 도구를 말해요.

구석기 시대 사람들은 알몸으로 생활하다가 몸이 긁히고 다치자 풀잎이나 동물 가죽을 둘러 몸을 보호했어요. 또 무리를 지어 동굴이나 바위 그늘에 살면서 뗀석기를 만들어 사냥하거나 열매와 뿌리를 채집해 먹고살았어요. 불을 사용하기 시작하면서부터는 날것으로 먹던 고기를 익혀 먹었어요. 이 시기 사람들은 먹을거리가 떨어지면 새로운 먹을거리를 찾아 이곳저곳으로 옮겨 다니며 이동 생활을 했어요.

신석기 시대 사람들은 처음으로 농사를 짓기 시작했고, 잡아 온 동물들을 우리에 가두어 기르기 시작했어요. 이렇게 농사짓고 목축을 하면서 안정적으로 먹을거리를 구할 수 있게 되자, 사람들은 점차 한곳에 움집을 짓고 마을을 이루며 정착 생활을 했어요. 이들은 간석기를 만들어 사냥과 농사에 사용했고, 빗살무늬 토기를 만들어 곡식을 저장하는 데 사용했어요. 또 식물 줄기로 옷감을 짜서 옷을 지어 입고, 동물 뼈와 조개껍데기 등으로 몸치장도 했지요.

청동기 시대에는 본격적으로 벼농사를 시작했고, 청동기를 사용했어요. 청동기는 청동이라는 금속으로 만든 도구예요. 그러나 청동은 매우 귀해 하늘에 제사를 지낼 때 쓰는 도구, 우두머리의 무기나 장신구 등을 만드는 데만 주로 쓰였답니다.

▲ 뗀석기 (국립 중앙 박물관)

▲ 간석기 (국립 중앙 박물관)

▲ 빗살무늬 토기 (국립 중앙 박물관)

01 석기 시대에 대한 글을 읽고, 알맞은 말에 ○ 하세요.

석기 시대는 구석기 시대와 신석기 시대로 구분해요. 구석기 시대에는 돌을 깨거나 떼어 내어 만든 도구인 (**간석기** | **뗀석기**)를 사용했고, 신석기 시대에는 돌을 갈아서 만든 도구인 (**간석기** | **뗀석기**)를 사용했어요.

02 구석기 시대에 대한 설명이면 '구석기', 신석기 시대에 대한 설명이면 '신석기'에 ○ 하세요.

(1) 잡아 온 동물들을 우리에 가두어 기르기 시작했어요. 구석기 | 신석기

(2) 빗살무늬 토기를 만들어 곡식을 저장하는 데 사용했어요. 구석기 | 신석기

(3) 알몸으로 생활하다가 풀잎이나 동물 가죽으로 몸을 둘렀어요. 구석기 | 신석기

(4) 불을 사용하기 시작하면서부터 고기를 익혀 먹었어요. 구석기 | 신석기

(5) 옷감을 짜서 옷을 지어 입고, 몸치장도 했어요. 구석기 | 신석기

03 각 시대에 사람들이 어떤 생활을 했는지 찾아 선으로 이으세요.

(1) 구석기 시대 • • ㉠ 이곳저곳 옮겨 다니며 이동 생활

(2) 신석기 시대 • • ㉡ 한곳에 마을을 이루며 정착 생활

04 하늘에 제사를 지낼 때 쓰는 도구, 우두머리의 무기나 장신구 등을 만드는 데만 주로 쓰였을 정도로 매우 귀했던 금속의 이름을 쓰세요.

어휘

노비 주인에게 속해 자유롭지 못한 남자 종과 여자 종을 부르는 말.

농경 논밭을 갈아 농사짓는 일.

부족 원시 시대나 미개한 사회에서 조상, 언어, 사는 곳이 같은 무리.

제사장 신에게 드리는 제사를 맡아 이끄는 사람.

지배 어떤 사람이나 집단을 자신의 뜻대로 복종하게 하여 다스리거나 차지함.

확장 규모, 범위, 세력 등을 늘려서 넓힘.

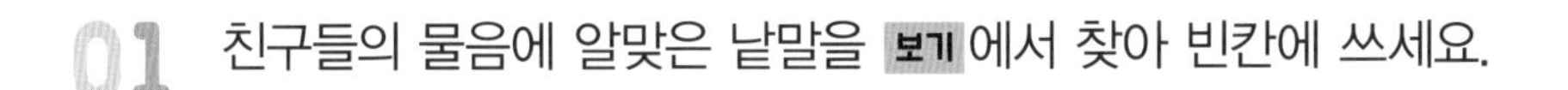

01 친구들의 물음에 알맞은 낱말을 보기 에서 찾아 빈칸에 쓰세요.

보기 확장 노비 부족

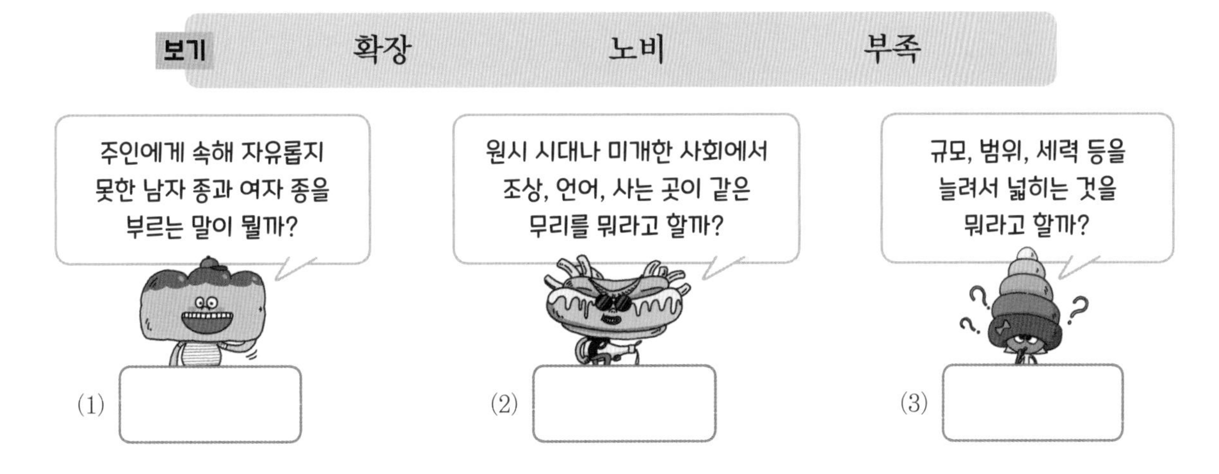

(1) ☐ (2) ☐ (3) ☐

02 낱말의 뜻을 찾아 선으로 이으세요.

(1) 제사장 • • ㉠ 논밭을 갈아 농사짓는 일.

(2) 농경 • • ㉡ 어떤 사람이나 집단을 자신의 뜻대로 복종하게 하여 다스리거나 차지함.

(3) 지배 • • ㉢ 신에게 드리는 제사를 맡아 이끄는 사람.

03 ☐☐ 안에서 알맞은 낱말을 골라 ○ 하세요.

(1) [귀족 | 노비] 은/는 아침 일찍 일어나 주인이 시킨 허드렛일을 했어요.

(2) 우리나라는 1945년에 일본의 [지배 | 친절] 에서 벗어나 독립했어요.

(3) 청동기 시대에 농기구가 발달하자 [농경 | 배경] 기술도 발달했어요.

(4) 탐험가는 아마존 정글에서 채집 생활을 하는 원시 [식물 | 부족] 을 만났어요.

(5) [취사장 | 제사장] 은 바다의 신에게 기도를 올렸어요.

(6) 도서관을 [확장 | 확정] 한 뒤로 도서관을 이용하는 사람의 수가 많아졌어요.

우리 역사 최초의 국가, 고조선

청동기 시대에는 수많은 부족이 서로 전쟁을 벌였어요. 이들 중 가장 힘이 센 부족이 주변의 약한 부족들을 공격해 지배하면서 나라로 발전했어요. 이 과정에서 우리나라 최초의 국가인 고조선이 등장했지요.

북쪽에 살던 환웅의 부족은 청동기를 다루고 농사 기술을 가지고 있었는데, 곰을 섬기는 부족과 호랑이를 섬기는 부족이 있는 곳으로 내려와 살게 되었어요. 당시는 농경 사회였기 때문에 곰 부족은 환웅의 부족에게 앞선 농사 기술을 배우며 혼인 관계를 맺고 잘 어우러져 살았어요. 하지만 호랑이 부족은 잘 어울리지 못해 다른 곳으로 떠났지요. 이렇게 환웅의 부족과 곰 부족이 힘을 합쳐 '고조선'이 세워졌다고 해요.

고조선에서는 나라를 다스리는 사람을 '단군왕검'이라고 불렀어요. '단군'은 하늘에 제사를 지내는 제사장인 종교 지배자를, '왕검'은 나라를 다스리는 지배자를 뜻하는 말이에요. 단군왕검은 고조선을 다스렸던 모든 지배자를 부르는 말이지요.

나라가 발전하고 사회가 복잡해지자 단군왕검은 8개의 법 조항으로 된 '8조법'을 만들었어요. 8조법에는 사람을 죽인 사람은 사형에 처하고, 남을 다치게 하면 곡식으로 갚고, 남의 물건을 훔친 사람은 노비가 되거나 돈을 내야 한다는 내용이 있었어요.

고조선은 우수한 청동기 문화를 바탕으로 강력한 군사력을 가지고 주변 나라를 공격해 세력을 확장했어요. 중국의 철기 문화를 받아들이면서는 철로 농사 도구를 만들어 농경이 더욱 발달했고, 철로 무기를 만들어 군사력을 더욱 키울 수 있었어요.

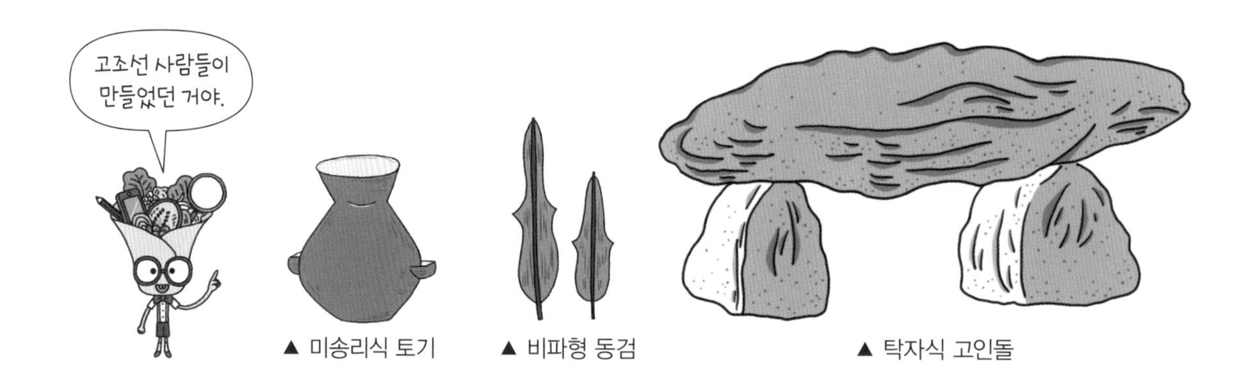

▲ 미송리식 토기 ▲ 비파형 동검 ▲ 탁자식 고인돌

01 글을 읽고, 보기 에서 알맞은 말을 찾아 기호를 쓰세요.

보기 ㉠ 곰 ㉡ 청동기 ㉢ 호랑이 ㉣ 고조선

북쪽에 살던 환웅의 부족은 (   )를 다루고 농사 기술을 가진 사람들로, 곰 부족과 호랑이 부족이 있는 곳으로 내려와 살게 되었어요. (   ) 부족은 환웅의 부족과 어우러져 살지 못해 떠났고, (   ) 부족은 환웅 부족과 어우러져 잘 살면서 우리나라 최초의 국가인 (   )이 세워졌다고 해요.

02 고조선에 대한 글을 읽고, 빈 곳에 알맞은 말을 쓰세요.

고조선을 다스리는 사람을 __________이라고 해요. __________은 하늘에 제사를 지내는 제사장을, __________은 나라를 다스리는 지배자를 말해요.

03 고조선에 대해 바르게 말한 친구를 모두 찾아 ○ 하세요.

04 고조선에 대한 글을 읽고, 알맞은 말에 ○ 하세요.

고조선은 우수한 (**청동기** | **철기**) 문화를 바탕으로 강력한 군사력을 가지고 주변 나라를 공격해 세력을 확장했어요. 중국의 (**청동기** | **철기**) 문화를 받아들이면서는 (**청동** | **철**)(으)로 농사 도구와 무기를 만들었어요.

어휘

기름지다 땅이 영양분이 많다.
우아, 사과가 많이 열렸다!
땅이 기름져 양분이 많아서 그래.
너르다 공간이 탁 트여서 크고 넓다.
형, 저기에 야구공이 떨어졌는데 안 보여.
헉, 저 너른 풀밭에서 어떻게 찾지?
멸망 나라나 민족 등이 망하여 없어짐.
외계인이 지구에 쳐들어와서 멸망시킬지 몰라.
펑
무슨 소리야? 어제 영화 본 거 이야기하는 거야?
유민 망해 없어진 나라의 백성.
흑흑, 나라가 망했으니 우리 같은 유민은 어느 나라로 가야 하지?
침입 남의 나라나 어떤 곳에 함부로 넘어 들어가거나 들어옴.
넌, 내 방에 침입할 수 없다!
평야 높낮이가 거의 없고 넓은 들판.
우아, 이 넓은 평야가 너희 집 논이야?
아니, 우리 집과 앞집, 옆집, 뒷집 논이 같이 있어.

01 뜻에 알맞은 낱말을 보기 에서 찾아 빈칸에 쓰세요.

보기 유민 평야 너르다 멸망 기름지다 침입

(1) 망해 없어진 나라의 백성. ……………… [ ]

(2) 땅이 영양분이 많다. ……………… [ ]

(3) 나라나 민족 등이 망하여 없어짐. ……………… [ ]

(4) 공간이 탁 트여서 크고 넓다. ……………… [ ]

(5) 높낮이가 거의 없고 넓은 들판. ……………… [ ]

(6) 남의 나라나 어떤 곳에 함부로 넘어 들어가거나 들어옴. ……………… [ ]

02 밑줄 친 낱말을 바르게 사용한 친구를 모두 찾아 ○ 하세요.

03 빈칸에 알맞은 낱말을 찾아 선으로 이으세요.

(1) 우리 마을 땅은 [ ] 벼가 잘 자라고, 벼의 품질이 좋아요. • • ㉠ 너른

(2) 힘이 강한 나라가 힘이 약한 나라를 [ ]시켰어요. • • ㉡ 멸망

(3) 우리 가족은 [ ] 갯벌에서 조개를 캐느라 힘들었어요. • • ㉢ 기름져서

만주와 한반도에는 어떤 나라가 있었을까?

우리나라 최초의 국가인 고조선은 중국 한의 침입으로 멸망했어요. 그 뒤 고조선의 유민들은 만주와 한반도에 있던 부여, 옥저, 동예, 삼한 등 여러 나라에 흩어져 정착해 살았어요.

부여는 만주의 너른 평야 지역에 자리 잡은 나라였는데 고조선 유민들이 넘어오면서 세력이 커졌어요. 다섯 부족이 힘을 합쳐 나라를 만든 부여는 왕이 나라의 중심부를 다스리고, 다른 지역은 마가, 우가, 저가, 구가라는 부족장들이 자기 부족을 다스렸어요. 마가는 말, 우가는 소, 저가는 돼지, 구가는 개를 나타내는데, 부여에서는 목축을 중요하게 생각해 부족장 이름을 가축의 이름에서 따와 지었지요. 부여는 농업도 중요하게 생각해 12월에 농작물을 얻게 해 준 하늘에 감사 제사를 지낸 뒤 춤과 노래를 즐기는 '영고'라는 축제를 열었어요.

한반도 동해안 지역에는 옥저와 동예라는 나라가 있었어요. 이 지역은 땅이 기름져 농사가 잘되고 해산물이 잘 잡혀 백성들이 풍요롭게 살 수 있었어요. 옥저는 비가 적게 오고 햇볕이 강했어요. 이런 날씨를 이용해 소금을 만들고 다른 나라에 팔아서 큰 이득을 얻었지요. 동예는 산이 많고 험해서 사람들은 좁은 산길로 다니기에 적합한 '과하마'라는 키 작은 말을 키웠어요.

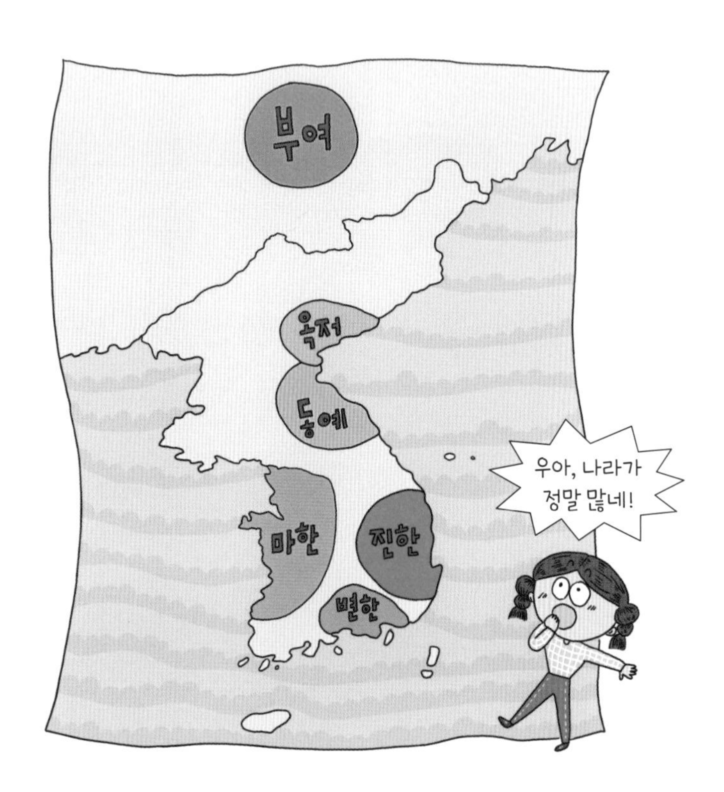

남쪽에는 마한, 진한, 변한이 있었는데 이 세 나라를 합쳐 '삼한'이라 했고 그중 마한의 세력이 가장 컸어요. 삼한은 땅이 기름지고 기후가 좋아 벼농사가 발달했어요. 농사에 필요한 물을 모아 두는 저수지를 많이 만들고, 튼튼한 철제 농기구를 만들어 사용했어요.

01 부여에 대한 설명이 맞으면 ○, 틀리면 × 하세요.

(1) 부여는 고조선의 유민들이 세운 나라예요. ( )

(2) 목축을 중요하게 생각해 부족장 이름을 가축 이름에서 따왔어요. ( )

(3) 부여 사람들은 농사를 짓지 않고 사냥하면서 살았어요. ( )

(4) 12월에는 하늘에 제사를 지내는 영고라는 축제를 열었어요. ( )

02 부여의 부족장 이름이 각각 어떤 동물을 나타내는지 쓰세요.

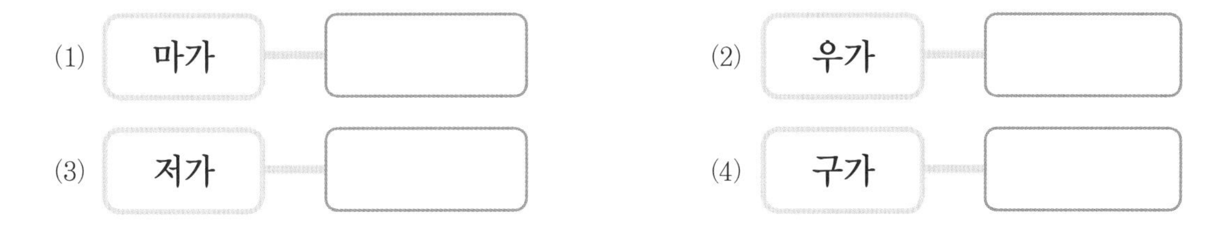

03 옥저와 동예 중에서 어느 나라에 대한 설명인지 쓰세요.

- 산이 많고 험했어요.
- 좁은 산길로 다니기에 적합한 과하마라는 키 작은 말을 키웠어요.

(1) ( )

- 비가 적게 오고 햇볕이 강했어요.
- 소금을 만들어 다른 나라에 팔아 큰 이득을 얻었어요.

(2) ( )

04 삼한에 대한 설명으로 틀린 것을 고르세요. ( )

① 삼한은 다섯 나라가 힘을 합쳐 하나가 된 나라예요.

② 마한, 진한, 변한 중에서 마한의 세력이 가장 컸어요.

③ 튼튼한 철제 농기구를 만들어 사용했어요.

④ 농사에 필요한 물을 모아 두는 저수지를 만들었어요.

어휘

백발백중 백 번 쏘아 백 번을 맞힌다는 뜻으로, 총이나 활 등을 쏠 때마다 원하는 곳에 다 맞음.
역시 우리나라 선수는 활을 쐈다 하면 백발백중이야!
맞아, 맞아! 우리나라 양궁은 세계 최고지!
습기 물기가 많아서 축축한 기운.
으악, 방에 왜 이렇게 습기가 많아?
비 오는데 가습기까지 틀어 놨으니 그렇지!
칙!
칙!
유역 강에서 가까운 곳. 또는 강물이 흐르는 언저리.
으악, 내 머리!
한강 유역에 오니 강바람이 좋구나!
촌장 한 마을을 이끌어 나가는 우두머리.
촌장님!
도와주세요!
마을을 위해 일하는 촌장님, 최고!
아, 촌장은 힘들어!
태자 임금의 자리를 이을 임금의 아들.
어휴, 내 뒤를 이어 왕이 될 태자를 누구로 정하지?
아바마마, 저요!
저요!
번쩍!
제가 하겠습니다!

01 뜻에 알맞은 낱말이 되도록 글자를 모두 찾아 ○ 하세요.

(1) 물기가 많아서 축축한 기운.

극	보	습	관	기

(2) 임금의 자리를 이을 임금의 아들.

태	실	자	원	묵

(3) 한 마을을 이끌어 나가는 우두머리.

직	촌	락	장	관

02 (　　) 안에서 알맞은 낱말을 골라 ○ 하세요.

(1) **백발백중** 　백 번 쏘아 백 번을 (**맞힌다** | **빗맞다**)는 뜻.

(2) **유역** 　강에서 (**가까운** | **먼**) 곳. 또는 강물이 흐르는 언저리.

03 빈칸에 알맞은 낱말을 찾아 선으로 이으세요.

(1) 임금이 세상을 떠나자 ☐가 뒤를 이어 임금이 되었어요. • 　　• ㉠ 촌장

(2) 지하실에 ☐가 많이 차서 눅눅했어요. • 　　• ㉡ 유역

(3) 마을에 도착하니 마을을 이끄는 ☐이 반갑게 맞아 주었어요. • 　　• ㉢ 백발백중

(4) 옛날에는 한강 ☐ 주변으로 넓은 평야가 있어 농사짓기 좋았어요. • 　　• ㉣ 태자

(5) 사냥꾼은 사격 솜씨가 뛰어나 총을 쏘기만 하면 ☐이었어요. • 　　• ㉤ 습기

고구려, 백제, 신라는 어떻게 세워졌을까?

고조선이 멸망한 후 한반도에 세워진 여러 나라 중에서 고구려, 백제, 신라가 큰 나라로 성장했어요. 고구려와 신라는 건국에 얽힌 신비한 이야기가 있어요.

세 나라 중에서 가장 먼저 신라가 경주에 세워졌어요. 경주에는 여섯 마을의 촌장들이 세운 사로국이라는 나라가 있었는데, 여섯 촌장은 여섯 마을을 다스릴 왕을 뽑고 싶었어요. 하루는 촌장들이 산을 오르다 커다란 자주색 알 앞에서 절하는 흰말을 발견했어요. 촌장들이 나타나자 흰말은 하늘로 올라갔고, 알에서는 사내아이가 나왔지요. 이 아이가 신라를 세워 여섯 마을의 왕이 된 '박혁거세'예요. '혁거세'는 "세상을 밝고 환하게 빛낸다."라는 뜻이지요.

신라 다음으로 주몽이 고구려를 세웠어요. 부여의 유화 부인은 신비한 빛을 받고 커다란 알을 낳았는데, 숲속에 알을 내다 버려도 동물들이 알을 보호했어요. 그 알에서 주몽이 나왔지요. 주몽은 어려서부터 활 솜씨가 빼어나 백발백중이었어요. 부여의 왕자들이 주몽을 질투하자, 주몽은 부여를 떠나 졸본 지방으로 갔어요. 그리고 졸본에서 가장 힘이 센 부족장의 딸 소서노와 결혼해 고구려를 세웠지요.

주몽과 소서노 사이에는 비류와 온조라는 아들이 있었어요. 그런데 어느 날 부여에 있던 주몽의 아들, 유리가 고구려로 찾아와 태자가 되었어요. 그러자 비류와 온조는 소서노와 함께 남쪽으로 가서 나라를 세웠어요. 비류는 바닷가 근처 미추홀에 나라의 터를 잡았지만 습기가 많고 농사짓기 어려운 곳이라 발전하지 못했어요. 온조는 한강 유역에 있는 위례성에 나라의 터를 잡았는데 농사짓기 좋고, 배를 타고 이동하기 편해 크게 발전할 수 있었지요. 온조가 세운 나라가 백제랍니다.

01 각 나라가 어디에 세워졌는지 보기에서 찾아 기호를 쓰세요.

보기 ㉠ 졸본 ㉡ 위례성 ㉢ 경주

(1) 신라 (　　　) (2) 고구려 (　　　) (3) 백제 (　　　)

02 누구에 대한 이야기인지 쓰세요.

(1) 유화 부인이 낳은 커다란 알에서 나왔어요. 부족장의 딸 소서노와 결혼해 고구려를 세웠어요. [　　　]

(2) 여섯 촌장들이 발견한 커다란 자주색 알에서 나왔어요. 이 아이가 신라를 세워 여섯 마을의 왕이 되었어요. [　　　]

03 인물에 대한 설명으로 틀린 것을 고르세요. (　　　)

① 주몽은 어려서부터 활 솜씨가 아주 뛰어났어요.

② 비류와 온조는 주몽의 아들이에요.

③ 혁거세는 세상을 밝고 환하게 빛낸다는 뜻이에요.

④ 온조는 바닷가 근처 미추홀에 나라의 터를 잡았어요.

04 빈칸에 알맞은 나라 이름을 찾아 선으로 이으세요.

(1) 경주에는 여섯 마을의 촌장들이 세운 [　　]이라는 나라가 있었어요. • • ㉠ 고구려

(2) 주몽이 태어난 나라는 [　　]였어요. • • ㉡ 사로국

(3) 비류와 온조는 [　　]의 왕자였어요. • • ㉢ 부여

어휘

교류 서로 다른 개인, 지역, 나라 사이에서 물건, 문화, 기술 등을 서로 주고받음.

무역 나라와 나라 사이에 서로 물건을 사고파는 일.

문물 문화가 발전하면서 생겨난 예술, 기술 같은 것을 모두 부르는 말.

번성 세력이 커져서 널리 퍼짐.

연맹 목적이 같은 둘 이상의 단체나 국가가 모여 서로 돕기로 약속함. 또는 그런 조직체.

01 낱말과 그 뜻이 바르게 짝 지어진 것을 모두 찾아 ✓ 하세요.

(1) 문물 – 문화가 발전하면서 생겨난 예술, 기술 같은 것을 모두 부르는 말. ☐

(2) 번성 – 세력이 줄어들어 한곳에 모임. ☐

(3) 무역 – 나라와 나라 사이에 서로 물건을 사고파는 일. ☐

(4) 연맹 – 목적이 다른 둘 이상의 단체나 국가가 서로 싸움. ☐

(5) 교류 – 서로 다른 개인, 지역, 나라 사이에서 물건, 문화, 기술 등을 주고받음. ☐

02 ( ) 안에서 알맞은 낱말을 골라 ○ 하세요.

(1) 여러 부족이 (**연맹** | **연장**)하여 쳐들어오는 적을 막았어요.

(2) (**무상** | **무역**)을 통해 나라 간에 서로 필요한 물건을 사고팔아요.

03 빈 곳에 알맞은 낱말을 보기 에서 찾아 쓰세요.

보기	번성	교류	문물

(1) 우리 고장은 다른 고장과 ________ 하면서 서로 필요한 물건을 사고팔았어요.

(2) 우리나라 ________ 이 외국에 전해지면서 태권도가 세계적인 스포츠가 되었어요.

(3) 문화, 사회, 경제 등 여러 분야가 발전하면서 나라가 ________ 했어요.

독해

작은 나라들로 이루어진 가야

경상도 낙동강 유역에 가야라는 작은 나라가 세워졌어요. 가야도 고구려, 신라와 마찬가지로 왕과 관련된 신비한 이야기가 전해지고 있어요.

가야 지역은 아홉 명의 촌장이 각각 자신의 부족을 다스렸어요. 그런데 어느 날, 하늘에서 "거북아, 거북아, 머리를 내놓아라. 만약 내놓지 않으면 구워서 먹으리." 하고 노래하며 춤추면 임금을 맞이하게 될 거라는 소리가 들렸어요. 촌장들이 시키는 대로 하자 하늘에서 황금 상자가 내려왔고, 그 안에 있던 여섯 개의 황금 알에서 사내아이가 한 명씩 태어났어요. 첫째로 나온 김수로가 금관가야의 왕이 되고, 나머지 아이도 각각 다섯 가야의 왕이 되었지요.

여섯 가야를 중심으로 만들어진 가야 연맹은 금관가야가 이끌었어요. 금관가야는 김해 지역에 있었는데, 땅이 기름지고 물이 풍부해 농사짓기 좋았어요. 또 남해를 통해 중국이나 왜와 교류하기에도 좋았지요. 중국의 문물은 바닷길을 통해 금관가야에 전달되었고 이어서 왜에도 전달되었어요. 왜는 지금의 일본을 말해요.

김해 지역은 특히 질 좋은 철이 많이 나서 철을 다루는 솜씨가 뛰어난 사람이 많았어요. 금관가야는 품질 좋은 철로 농기구와 무기, 갑옷과 투구를 만들어 주변 여러 나라에 팔기도 했어요. 이렇게 금관가야는 국제 무역으로 번성했고, 김해는 동아시아의 무역 중심지가 되었지요. 하지만 가야는 큰 나라로 성장하지 못했어요. 여러 작은 나라로 이루어진 연맹 국가여서 힘을 하나로 모으지 못했기 때문이에요.

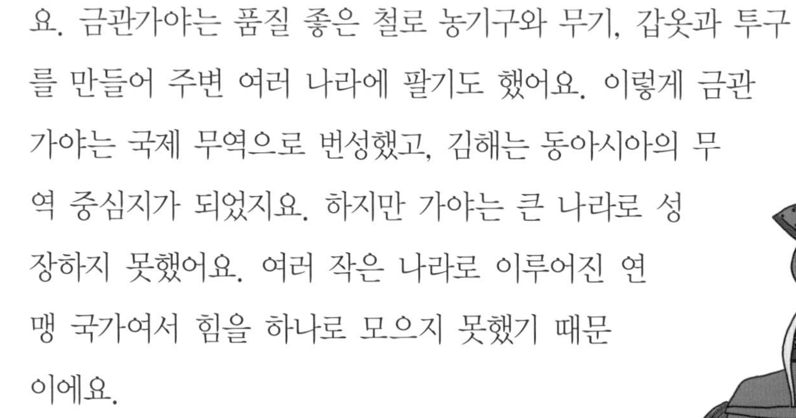

01 가야에 대한 글을 읽고, 빈 곳에 알맞은 말을 쓰세요.

김수로가 태어나기 이전의 가야는 경상도 ________ 유역에 있는 작은 나라로, ________ 명의 촌장이 각각 자신의 부족을 다스렸어요.

02 빈칸에 공통으로 들어갈 동물 이름을 고르세요. (   )

가야 지역의 촌장들은 "☐아, ☐아, 머리를 내놓아라. 만약 내놓지 않으면 구워서 먹으리." 하고 노래하며 춤추었어요.

① 거위 ② 용 ③ 말 ④ 거북

03 가야에 대한 설명이 맞으면 ○, 틀리면 × 하세요.

(1) 김수로는 금관가야의 왕이 되었어요. (   )

(2) 금관가야는 바다로 나가 중국이나 왜와 교류했어요. (   )

(3) 금관가야는 바닷가에 있어 농사짓기 어려웠어요. (   )

(4) 금관가야의 김해는 동아시아의 무역 중심지가 되었어요. (   )

(5) 가야는 작은 나라들이 연맹해 큰 나라로 성장했어요. (   )

04 가야에 대한 글을 읽고, 밑줄 친 '이것'이 무엇인지 쓰세요.

김해 지역은 질 좋은 이것이 많이 나서 이것을 다루는 솜씨가 뛰어난 사람이 많았어요. 가야는 품질 좋은 이것으로 농기구와 무기, 갑옷과 투구를 만들어 주변 여러 나라에 팔기도 했어요.

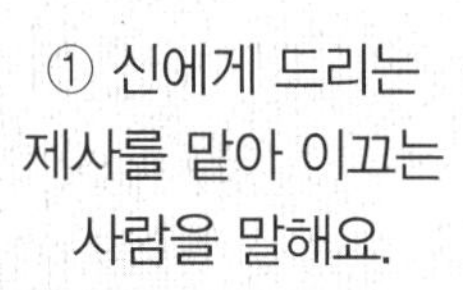

글을 읽고 사다리를 타고 내려가서 만나는 빈칸에 알맞은 낱말을 쓰세요.

① 신에게 드리는 제사를 맡아 이끄는 사람을 말해요.

② 망해 없어진 나라의 백성을 말해요.

③ 소, 돼지, 양, 말 같은 집짐승을 기르는 일을 말해요.

④ 한 마을을 이끌어 나가는 우두머리를 말해요.

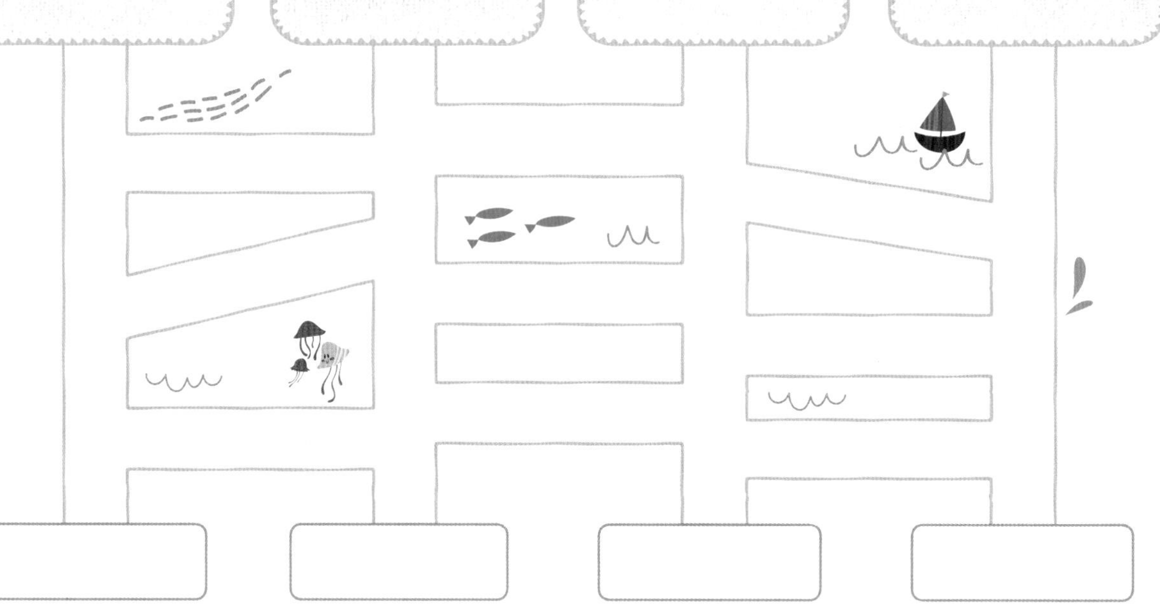

⑤ 세력이 커져서 널리 퍼지는 것을 말해요.

⑥ 일정한 곳에 자리를 잡아 머물러 사는 것을 말해요.

⑦ 규모, 범위, 세력 등을 늘려서 넓히는 것을 말해요.

⑧ 물기가 많아서 축축한 기운을 말해요.

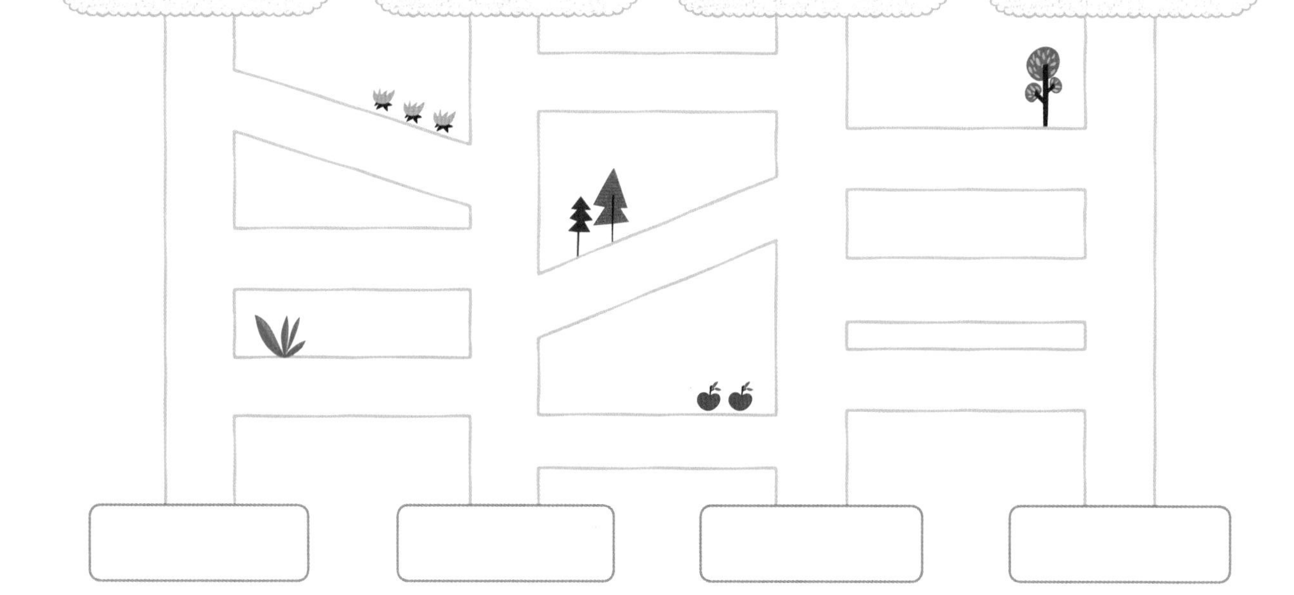

글의 내용이 맞으면 ○, 틀리면 × 하세요. 그런 다음 빙고가 모두 몇 개인지 빈칸에 쓰세요.

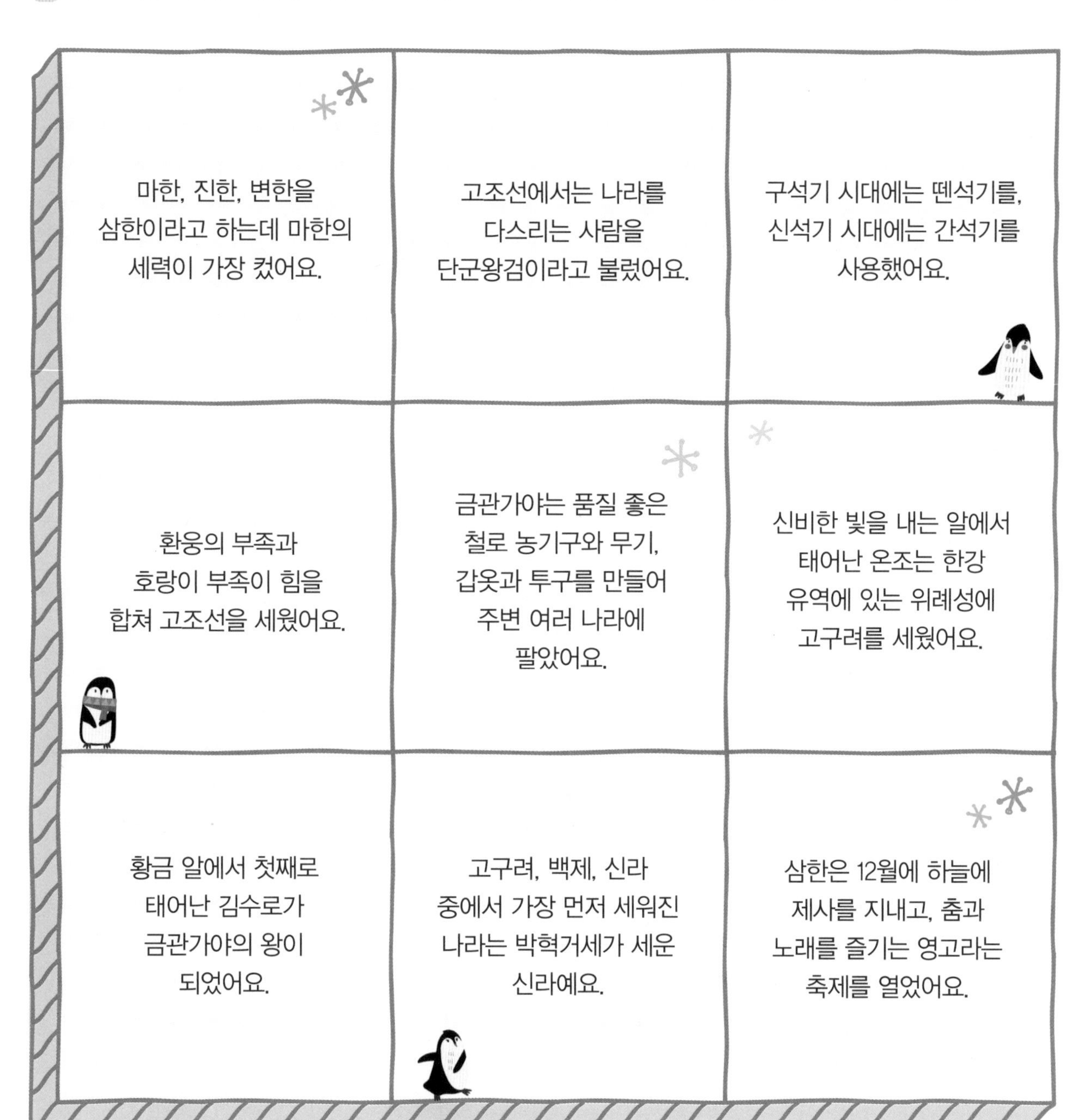

마한, 진한, 변한을 삼한이라고 하는데 마한의 세력이 가장 컸어요.	고조선에서는 나라를 다스리는 사람을 단군왕검이라고 불렀어요.	구석기 시대에는 뗀석기를, 신석기 시대에는 간석기를 사용했어요.
환웅의 부족과 호랑이 부족이 힘을 합쳐 고조선을 세웠어요.	금관가야는 품질 좋은 철로 농기구와 무기, 갑옷과 투구를 만들어 주변 여러 나라에 팔았어요.	신비한 빛을 내는 알에서 태어난 온조는 한강 유역에 있는 위례성에 고구려를 세웠어요.
황금 알에서 첫째로 태어난 김수로가 금관가야의 왕이 되었어요.	고구려, 백제, 신라 중에서 가장 먼저 세워진 나라는 박혁거세가 세운 신라예요.	삼한은 12월에 하늘에 제사를 지내고, 춤과 노래를 즐기는 영고라는 축제를 열었어요.

빙고 ☐ 개

2주 삼국 시대 1

1일

어휘 | 관리, 등급, 외교, 율령, 전성기, 정복

독해 | 백제, 가장 먼저 전성기를 누리다

2일

어휘 | 국보, 신성, 영해, 영험하다, 유교

독해 | 왜의 발전에 큰 영향을 준 백제

3일

어휘 | 기틀, 도읍, 영토, 왕위, 인재, 침략

독해 | 가장 넓은 영토를 가진 고구려

5일

어휘 | 경극, 성주, 유언, 저항, 패배

독해 | 연개소문과 안시성 싸움

4일

어휘 | 강대국, 별동대, 정벌, 통일, 황제, 후퇴

독해 | 수의 고구려 침략과 살수 대첩

6일

복습

교과서 속 책 읽기

어휘

관리 나랏일을 맡아보는 사람.
관리 여러분, 나와 힘을 합쳐 나라를 잘 다스립시다!
네!
등급 높고 낮음이나 좋고 나쁨의 정도를 여러 층으로 나누어 놓은 단계.
저희 가게 떡볶이 맛은 다섯 등급으로 나뉘어요. 어떤 맛으로 드릴까요?
떡볶이 매움 등급
5 최고매움
4 많이 매움
3 매움
2 보통
1 순함
최고 매운 맛인 5등급에 도전해 보겠어!
외교 다른 나라와 서로 밀접한 관계를 맺는 일.
우리나라는 여러 나라와 외교 관계를 맺고 있구나.
외교 관계를 맺으면 서로 무역도 하고, 문화도 주고받아.
율령 나라의 법과 명령을 모두 부르는 말.
앞으로는 내가 만든 율령에 따라 나라를 다스릴 것이다.
앞으로 율령을 어기면 안 돼! 법을 어기면 벌을 받아!
전성기 힘이나 세력이 가장 큰 때.
꺅!!
BTT
와, 지금이 저 그룹 전성기네! 우리나라에서도 해외에서도 인기가 많으니 말이야.
악!!
Music
세계 음악 차트 1위
한국 1위
BTT
1위
정복 군대를 일으켜 남의 나라나 민족을 무찌르고 지배함.
너희 나라는 우리가 정복했다! 이제 우리가 너희를 다스릴 것이다!
흑, 다른 나라의 지배를 받아야 하다니!

01 ( ) 안에서 알맞은 낱말을 골라 ○ 하세요.

(1) **외교** 다른 나라와 서로 (**위험한** | **밀접한**) 관계를 맺는 일.

(2) **관리** (**나랏일** | **집안일**)을 맡아보는 사람.

(3) **전성기** 힘이나 세력이 가장 (**큰** | **작은**) 때.

02 초성을 참고하여 뜻에 알맞은 낱말을 빈칸에 쓰세요.

(1) ㅇ ㄹ : 나라의 법과 명령을 모두 부르는 말. → [ ]

(2) ㄷ ㄱ : 높고 낮음이나 좋고 나쁨의 정도를 여러 층으로 나누어 놓은 단계. → [ ]

(3) ㅈ ㅂ : 군대를 일으켜 남의 나라나 민족을 무찌르고 지배함. → [ ]

03 빈 곳에 알맞은 낱말을 보기 에서 찾아 쓰세요.

보기 전성기 등급 율령 관리 정복 외교

(1) 우리 집 과수원의 과일은 크고 맛도 좋아 최고 ______을 받았어요.

(2) 우리나라는 세계 여러 나라와 ______ 관계를 맺고 활발히 교류하고 있어요.

(3) 그 배우는 요즘 영화와 드라마에 많이 나오며 최고의 ______를 누려요.

(4) 백성들은 임금이 만든 법인 ______을 잘 따르고 지켰어요.

(5) 임금은 학식과 능력이 뛰어난 사람을 ______로 뽑아 나랏일을 맡겼어요.

(6) 힘이 센 나라는 약한 나라들을 ______하면서 땅을 크게 넓혔어요.

백제, 가장 먼저 전성기를 누리다

고구려, 백제, 신라 중에서 가장 늦게 세워진 백제가 가장 먼저 전성기를 맞았어요. 백제는 원래 마한의 여러 나라 중 하나에 불과했지만, 한강 유역에 있어서 농사짓기 좋았고 중국을 비롯한 다른 나라와 교류하기 좋아 가장 먼저 발전할 수 있었어요.

백제는 고이왕 때 빠르게 성장했어요. 고이왕은 왕의 힘을 키워 백제를 강한 나라로 만들고자 했어요. 그래서 관리들의 등급을 나누고 등급에 따라 옷 색깔도 다르게 했어요. 옷 색깔로 관리 등급이 구분되자 신하들은 더 높은 관리가 되기 위해 왕의 말을 잘 들었지요. 고이왕은 율령을 만들어 백성들에게 널리 알려 나라의 질서를 유지했어요. 또한 목지국을 비롯한 주변 여러 나라를 공격해 남쪽으로 땅을 넓히면서 세력을 점점 키웠지요.

백제의 전성기를 이끈 왕은 근초고왕이에요. 근초고왕은 백제 땅을 가장 많이 넓힌 왕이지요. 남쪽으로는 마한의 여러 나라를 정복하고, 가야를 백제의 영향권 안에 두었어요. 북쪽으로는 고구려의 평양성으로 쳐들어가 고국원왕을 죽음에 이르게 했지요. 비록 평양성을 빼앗지는 못했지만 고구려의 황해도 일부 지역까지 땅을 넓혔어요.

근초고왕은 주변 나라와도 활발하게 교류했어요. 중국의 요서 지방과 산둥반도에 진출해 문물을 주고받았고, 동진과도 정식으로 외교 관계를 맺었어요. 그리고 고흥을 시켜 백제의 400여 년 역사를 정리한 『서기』라는 역사책을 펴내 자랑스러운 백제의 역사를 후손에게 전했답니다.

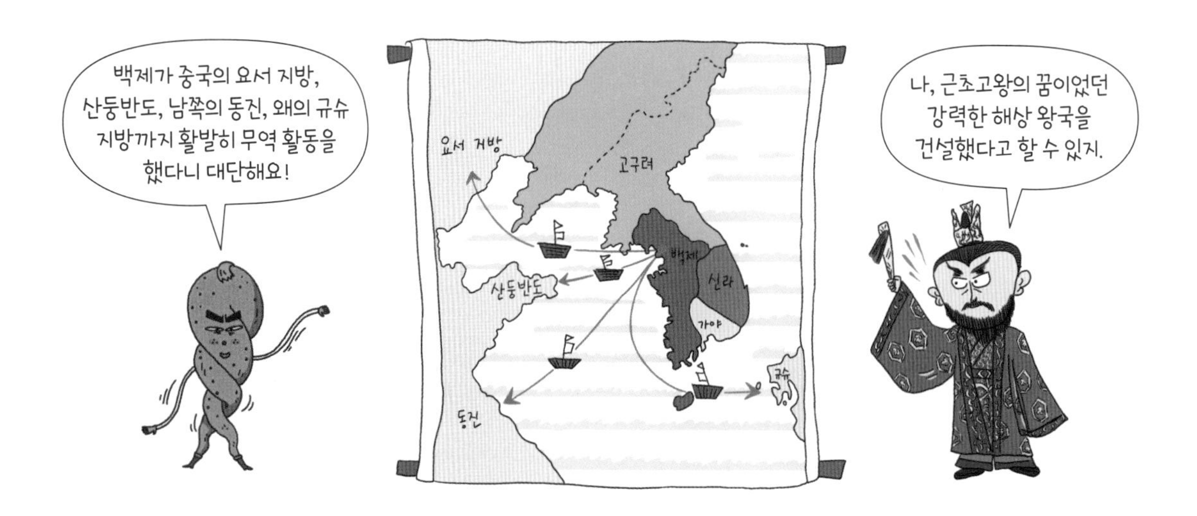

01 백제에 대해 <u>틀리게</u> 말한 친구를 찾아 ○ 하세요.

02 백제에 대한 글을 읽고, 알맞은 말에 ○ 하세요.

백제의 (**근초고왕 | 고이왕**)은 관리의 등급을 나누고, 등급에 따라 옷 색깔을 다르게 입도록 했어요. (**근초고왕 | 고이왕**)은 백제의 땅을 가장 많이 넓혀 전성기를 이끈 왕이에요.

03 기호에 알맞은 나라 이름이 바르게 짝 지어진 것을 고르세요. (   )

> 근초고왕은 남쪽으로 (㉠)의 여러 나라를 정복하고, 북쪽으로 (㉡)의 평양성으로 쳐들어가 고국원왕을 죽음에 이르게 했어요. 그리고 중국과 활발히 교류하면서 중국 (㉢)과 정식으로 외교 관계를 맺었어요.

	㉠	㉡	㉢
①	동진	고구려	마한
②	동진	마한	고구려
③	마한	고구려	동진
④	고구려	동진	마한

04 근초고왕이 고흥을 시켜 백제의 400여 년 역사를 정리해서 펴낸 역사책의 이름을 쓰세요.

『   』

어휘

국보 국가가 법으로 정해 보호하고 관리하는 문화재.

신성 함부로 가까이할 수 없을 만큼 귀하고 위대함.

영해 한 나라의 테두리 안에 드는 바다.

영험하다 사람이 바라고 원하는 대로 되는 신기한 기운이 있다.

유교 옛날 중국 공자의 가르침에서 시작된 도덕 사상.

01 낱말의 뜻을 찾아 선으로 이으세요.

(1) 유교 •
(2) 영해 •
(3) 국보 •
(4) 신성 •
(5) 영험하다 •

• ㉠ 함부로 가까이할 수 없을 만큼 귀하고 위대함.
• ㉡ 옛날 중국 공자의 가르침에서 시작된 도덕 사상.
• ㉢ 사람이 바라고 원하는 대로 되는 신기한 기운이 있다.
• ㉣ 국가가 법으로 정해 보호하고 관리하는 문화재.
• ㉤ 한 나라의 테두리 안에 드는 바다.

02 빈 곳에 알맞은 낱말을 보기 에서 찾아 쓰세요.

보기 국보 유교 신성

(1) 옛날 사람들은 호랑이가 악귀를 막아 주는 ________ 한 동물이라고 믿었어요.

(2) 박물관에는 우리나라 ________ 로 지정된 많은 불상이 전시되어 있어요.

(3) 공자의 가르침으로 시작된 ________ 는 사람이 지켜야 할 도리를 알려 주어요.

03 [|] 안에서 알맞은 낱말을 골라 ○ 하세요.

(1) 해안 경비대는 우리 [영공 | 영해] 을/를 침범한 어선을 잡았어요.

(2) 고모는 [영험한 | 영특한] 바위에 취직하게 해 달라고 기도했어요.

왜의 발전에 큰 영향을 준 백제

백제는 서해 바닷길을 이용해 왜와 활발하게 교류했어요. 이 당시 왜는 나라의 틀을 만들어 가던 때라 중국의 앞선 문물을 받아들이는 것이 아주 중요했어요. 그런데 바닷길로 중국에 가려면 백제의 영해를 지나야만 했지요. 백제는 왜에 바닷길을 열어 주고, 중국의 문물도 전해 주었어요. 백제가 이렇게 한 이유는 땅을 더 넓히기 위해 군사적으로 왜의 도움이 필요했기 때문이지요.

백제의 근초고왕은 왜의 왕에게 칠지도를 선물로 보냈어요. 칠지도는 일곱 개의 칼날이 가지 모양으로 뻗어 있는, 영험한 힘이 깃든 신성한 칼이에요. 칠지도는 일본 국보로 지정되어 지금도 일본 신궁에 보관되어 있어요.

백제는 왜에 많은 학자와 기술자를 보내어 백제의 앞선 문물을 전했어요. 왜로 건너간 백제의 학자 아직기와 왕인은 왜에 한자와 유교를 전했고, 세자의 스승이 되어 한자와 학문을 가르쳤지요. 그뿐만 아니라 기와 굽는 전문가, 천문 전문가, 탑을 만드는 기술자, 쇠를 다루는 기술자 등도 왜에 여러 가지 기술을 알려 주었어요.

왜에 불교를 처음 전한 나라도 백제예요. 백제의 성왕은 왜에 불교를 전하기 위해 승려를 보내면서 불상과 불경도 같이 보냈어요. 백제 기술자들은 백제의 기술로 절을 지어 주었는데, 그 절의 모습은 마치 백제의 절을 왜에 옮겨 놓은 것 같았지요.

이렇게 백제는 왜에 한문, 유교, 불교, 미술, 건축 등 여러 분야에 영향을 주어 왜의 발전에 큰 도움을 주었어요.

01 근초고왕에 대한 글을 읽고, 밑줄 친 '이것'이 무엇인지 쓰세요.

> 근초고왕은 왜의 왕에게 일곱 개의 칼날이 가지 모양으로 뻗어 있는, 영험한 힘이 깃든 신성한 칼인 이것을 만들어 선물했어요.

( )

02 백제에 대한 설명으로 틀린 것을 고르세요. ( )

① 백제는 왜에 바닷길을 열어 주고, 중국의 문물도 전해 주었어요.

② 왕인은 왜의 세자에게 기와 굽는 방법을 알려 주었어요.

③ 아직기와 왕인은 왜에 한자와 유교를 전했어요.

④ 백제의 여러 분야의 전문가들은 왜에 여러 가지 기술을 전했어요.

03 백제에 대한 글을 읽고, 알맞은 말에 ○ 하세요.

(1) 백제는 땅을 넓히기 위해 (**군사적** | **경제적**)으로 왜의 도움이 필요했기 때문에 왜에 중국 문물을 전해 주었어.

(2) 백제의 기술자들은 백제 기술로 왜에 (**절** | **사당**)을 지어 주었어.

04 왜의 불교에 대한 글을 읽고, 빈 곳에 알맞은 말을 쓰세요.

(1) 왜에 불교를 처음 전한 나라는 ________ 예요.

(2) 왜에 불교를 전하기 위해 승려를 보내면서 불상과 불경도 같이 보낸 백제의 왕은 ________ 이에요.

어휘

기틀 어떤 일의 기본이 되는 조건.

도읍 한 나라의 수도를 부르는 말.

영토 한 나라의 땅.

왕위 임금의 자리나 지위.

인재 어떤 일을 할 수 있는 학식이나 능력을 갖춘 사람.

침략 정당한 이유 없이 다른 나라에 쳐들어감.

01 빈 곳에 알맞은 낱말을 보기 에서 찾아 쓰세요.

보기 침략 능력 기틀 임금 땅 수도

(1) 인재 : 어떤 일을 할 수 있는 학식이나 ________ 을 갖춘 사람.

(2) ________ : 어떤 일의 기본이 되는 조건.

(3) 도읍 : 한 나라의 ________ 를 부르는 말.

(4) 영토 : 한 나라의 ________.

(5) ________ : 정당한 이유 없이 다른 나라에 쳐들어감.

(6) 왕위 : ________ 의 자리나 지위.

02 빈칸에 알맞은 글자를 모두 찾아 ○ 하세요.

(1) 독도는 명백한 우리나라의 □□예요. — 검 영 재 토

(2) 삼국은 법을 만들고 왕의 힘을 강하게 하면서 나라의 □□을 마련했어요. — 기 틀 적 업

(3) 임금은 나라를 이끌 □□를 뽑으려 노력했어요. — 인 체 화 재

(4) 왕이 살던 궁궐은 그 나라의 □□에 있었어요. — 몰 도 읍 입

03 빈칸에 알맞은 낱말을 찾아 선으로 이으세요.

(1) 왕의 막내아들이 □를 이어받아 왕이 되었어요. • • ㉠ 침략

(2) 고구려는 다른 나라를 □해 영토를 넓혔어요. • • ㉡ 왕위

가장 넓은 영토를 가진 고구려

삼국 중에서 전성기 때 가장 넓은 땅을 가졌던 나라는 고구려예요. 북으로는 요동 지방, 남으로는 한강 유역까지 영토를 넓혀 어느 나라보다 넓은 땅을 차지했어요.

고구려 발전의 기틀을 다진 왕은 소수림왕이에요. 이 당시 고구려는 힘이 약해 주변 국가의 침략을 많이 받던 때여서 소수림왕은 나라를 안정시키고자 불교를 받아들여 백성들의 마음을 하나로 모았어요. 국립 학교인 태학을 세워 능력이 있는 인재를 키웠고, 지역마다 달랐던 법을 통일해 율령을 만들어 널리 알렸어요. 이러한 소수림왕의 노력 덕분에 고구려는 광개토 대왕 때 전성기를 맞이할 수 있었지요.

광개토 대왕이 왕위에 올랐을 때 중국은 여러 나라가 세워졌다가 사라지며 혼란을 겪고 있었어요. 이 틈을 타서 광개토 대왕은 거란을 격파하고, 이 밖에 후연, 숙신, 동부여 등도 정복해 영토를 넓혔어요. 남쪽으로는 백제를 공격해 한강 위쪽의 땅을 차지했어요. 철제 갑옷을 입고 투구를 쓴 고구려의 철갑 기병대는 광개토 대왕이 영토를 가장 많이 넓힌 왕이 되는 데 크게 이바지했지요.

광개토 대왕의 뒤를 이은 장수왕은 아버지인 광개토 대왕의 업적을 널리 알리기 위해 고구려의 도읍이었던 국내성에 '광개토 대왕릉비'를 세웠어요.

장수왕은 남쪽 지방으로 땅을 넓히기 위해 도읍을 평양으로 옮겼어요. 그리고 적극적으로 백제를 공격해 도읍인 한성을 무너뜨리고 한강 유역을 전부 차지해 영토를 넓혔지요. 그 뒤로 신라를 공격해 신라 북부의 땅 일부를 차지했답니다.

01 물음에 알맞은 고구려의 왕은 누구인지 쓰세요.

영토를 가장 많이 넓힌 왕은 누구일까요?	고구려 발전의 기틀을 다진 왕은 누구일까요?	도읍을 평양으로 옮긴 왕은 누구일까요?
(1)	(2)	(3)

02 소수림왕에 대한 설명이 맞으면 ○, 틀리면 × 하세요.

(1) 주변 국가를 공격해 영토를 크게 넓혔어요. ( )

(2) 불교를 받아들여 백성들의 마음을 하나로 모으려고 했어요. ( )

(3) 능력이 있는 인재를 키우기 위해 국립 학교인 태학을 세웠어요. ( )

(4) 지역마다 다른 법을 하나로 통일해 율령을 만들었어요. ( )

03 광개토 대왕에 대해 바르게 말한 아이를 모두 찾아 이름에 ○ 하세요.

동욱 남쪽 지방으로 땅을 넓히기 위해 도읍을 평양으로 옮겼어.

희원 후연과 숙신, 동부여 등을 정복해 영토를 넓혔어.

성철 중국이 혼란한 틈을 타 거란을 격파했어.

의진 백제의 도읍인 한성을 무너뜨리고 한강 유역을 모두 차지했어.

04 장수왕이 광개토 대왕의 업적을 널리 알리기 위해 국내성에 세운 비석의 이름을 쓰세요.

어휘

강대국 경제적으로나 군사적으로 힘이 세고 영토가 넓은 나라.

별동대 특별한 작전을 수행하기 위해 독자적으로 행동하는 부대.

정벌 적이나 나쁜 무리를 힘으로 물리침.

통일 나누어지거나 갈라진 여럿을 다시 하나가 되게 함.

황제 왕이나 제후를 거느리고 나라를 통치하는 임금.

후퇴 전쟁 같은 것에서 뒤로 물러남.

01 낱말의 뜻을 보기 에서 찾아 기호를 쓰세요.

보기

㉠ 나누어지거나 갈라진 여럿을 다시 하나가 되게 함.
㉡ 경제적으로나 군사적으로 힘이 세고 영토가 넓은 나라.
㉢ 특별한 작전을 수행하기 위해 독자적으로 행동하는 부대.

(1) 별동대 (　　　)　(2) 강대국 (　　　)　(3) 통일 (　　　)

02 낱말의 뜻을 찾아 선으로 이으세요.

(1) 정벌 •　　• ㉠ 적이나 나쁜 무리를 힘으로 물리침.

(2) 황제 •　　• ㉡ 전쟁 같은 것에서 뒤로 물러남.

(3) 후퇴 •　　• ㉢ 왕이나 제후를 거느리고 나라를 통치하는 임금.

03 [|] 안에서 알맞은 낱말을 골라 ○ 하세요.

(1) 중국은 군대를 보내 고구려 [정돈 | 정벌]에 나섰지만 실패했어요.

(2) 옛날에 [강대국 | 약소국]은 약한 나라를 공격해 세력을 키웠어요.

(3) 전쟁에서 특별 임무를 맡을 군인들을 뽑아 [발사대 | 별동대]를 만들었어요.

(4) 이순신은 적과의 싸움에서 [조퇴 | 후퇴]를 모르는 훌륭한 장군이었어요.

(5) 중국의 여러 왕조는 최고 군주를 [황제 | 황폐]라고 불렀어요.

(6) 남북으로 분단된 우리나라가 빨리 [통일 | 통풍]이 되었으면 좋겠어요.

수의 고구려 침략과 살수 대첩

고구려가 강대국으로 발전하고 있을 무렵, 중국은 세력 다툼으로 전쟁이 끊이지 않았어요. 이때 혼란스러웠던 중국을 통일한 나라가 수예요.

고구려의 영양왕은 중국의 수가 북방의 돌궐을 정벌하자 다음으로 고구려를 공격할 거라고 생각해 먼저 수의 요서 지방을 공격했어요. 수의 황제 문제는 예상하지 못한 공격으로 큰 피해를 입자 30만 대군을 보내 고구려를 공격했지요. 하지만 수가 고구려를 공격했을 때는 때마침 장마철로 음식이 금방 상했고, 그 음식을 먹은 군사들은 병들어 쓰러졌어요. 또 바닷길을 이용해 평양성을 공격하려던 수의 군대는 태풍을 만나 배가 대부분 박살이 났어요. 결국 수는 제대로 싸워 보지도 못하고 후퇴하고 말았지요.

세월이 흘러 수의 문제가 죽고, 아들인 양제가 황제가 되었어요. 수의 양제는 고구려를 정벌하기 위해 100만여 군사를 이끌고 고구려의 요동성을 공격했어요. 하지만 고구려 군사들은 몇 달 동안이나 성안에서 수의 공격을 막아 냈어요. 초조해진 양제는 다시 30만 명의 군사로 별동대를 꾸려 평양성을 공격했어요. 평양성은 고구려 장군인 을지문덕이 지키고 있었어요. 을지문덕은 싸우는 척하다 후퇴하기를 반복하며 별동대를 지치게 했어요. 결국 이길 수 없다고 판단한 수의 별동대는 물러났고, 을지문덕은 살수 근처에 숨어 있다가 후퇴하는 수의 군대를 무찔렀어요. 이 싸움을 '살수 대첩'이라고 해요. 이미 많이 지쳐 있던 수의 군대는 힘도 제대로 쓰지 못하고 당하고 말았어요. 수는 살수 대첩 이후 나날이 힘이 약해지더니 결국 멸망하고 말았지요.

01 고구려가 발전할 무렵, 혼란스러웠던 중국을 통일한 나라를 고르세요. ( )

① 주 ② 진 ③ 한 ④ 수

02 수 문제의 고구려 공격에 대한 글을 읽고, 알맞은 말에 ○ 하세요.

(1) 고구려를 공격했을 때는 (**장마철 | 단풍철**)이라 음식이 상해 병사들이 병들어 쓰러졌어요.

(2) 바닷길을 이용해 평양성을 공격하려다 (**가뭄 | 태풍**)을 만나 배가 대부분 박살이 났어요.

03 고구려와 수의 전쟁에 대한 설명이 맞으면 '예', 틀리면 '아니요'에 ○ 하세요.

(1) 수의 양제는 별동대를 꾸려 고구려의 평양성을 공격했어요.	예	아니요
(2) 수는 100만여 군사로 고구려의 요동성을 공격해 빼앗았어요.	예	아니요
(3) 을지문덕 장군은 요동성을 지키고 있었어요.	예	아니요
(4) 을지문덕은 싸우는 척하다가 후퇴하기를 반복하며 수의 별동대를 지치게 했어요.	예	아니요

04 어떤 싸움에 대한 설명인지 쓰세요.

을지문덕은 살수 근처에 숨어 있다가 후퇴하는 수의 군대를 공격했어요. 이미 많이 지쳐 있던 수의 군대는 힘도 제대로 써 보지도 못하고 당하고 말았어요.

어휘

경극 노래, 춤, 무술 등으로 이루어진 중국의 전통극.

성주 성을 다스리는 우두머리.

유언 죽기 전에 말을 남김. 또는 그 말.

저항 어떤 힘이나 조건에 굽히지 않고 거역하거나 견딤.

패배 남과 겨루는 싸움이나 경쟁에서 짐.

01 ( ) 안에서 알맞은 낱말을 골라 ○ 하세요.

(1) (**성주** | **영주**): 성을 다스리는 우두머리.

(2) (**연극** | **경극**): 노래, 춤, 무술 등으로 이루어진 중국의 전통극.

(3) (**저항** | **저장**): 어떤 힘이나 조건에 굽히지 않고 거역하거나 견딤.

(4) (**승리** | **패배**): 남과 겨루는 싸움이나 경쟁에서 짐.

(5) (**유언** | **무언**): 죽기 전에 말을 남김. 또는 그 말.

02 빈칸에 알맞은 낱말이 차례대로 묶인 것을 고르세요. ( )

- 중국에서 본 [ ]의 분장은 매우 화려하고 예뻤어요.
- 우리 반 아이들은 경기에서 [ ]해 풀이 죽어 있었어요.
- [ ]는 성안을 지키는 군인들을 위해 잔치를 베풀어 주었어요.

① 패배 – 경극 – 성주　　② 경극 – 패배 – 성주

③ 경극 – 성주 – 패배　　④ 성주 – 패배 – 경극

03 빈칸에 알맞은 낱말을 보기 에서 찾아 쓰세요.

보기

저항

유언

(1) 돌아가신 아버지의 [ ][ ]대로 묘를 고향에 모셨어요.

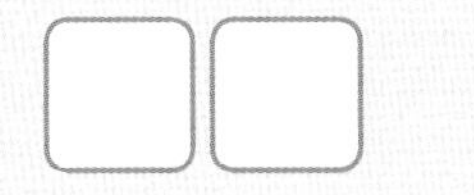

(2) 적이 끈질기게 [ ][ ]해서 도무지 이길 수 없었어요.

[ ][ ]

연개소문과 안시성 싸움

고구려의 영류왕이 왕위에 올랐을 때 중국은 수가 멸망하고 당이 새롭게 세워졌어요. 영류왕은 평화를 지키기 위해 당과 사이좋게 지내기로 했어요. 그런데 고구려 장군인 연개소문이 당에 맞서 싸우자고 주장하자, 영류왕과 귀족들은 자신들의 생각과 다른 연개소문을 없애려 했어요. 이 사실을 알아챈 연개소문은 영류왕과 귀족들을 죽이고, 영류왕의 어린 조카를 왕으로 세웠어요. 그리고 스스로 최고 높은 관리가 되었지요.

연개소문은 당의 침입에 대비해 영류왕 때부터 부여성에서 비사성까지 쌓기 시작한 천리장성을 완성했어요. 한편 당 태종은 연개소문이 영류왕을 죽인 일을 핑계 삼아 고구려를 침입했어요. 당의 군대는 막강한 무기로 요동 지역에 쌓은 천리장성을 무너뜨리고 안시성을 공격했어요. 하지만 안시성에는 양만춘이라는 뛰어난 성주가 있었지요. 양만춘은 백성들과 똘똘 뭉쳐 완강하게 저항했어요. 그러자 당의 군대는 안시성의 성벽 높이만 한 흙산을 쌓아 성안을 공격하려고 했지만 비가 와 흙산이 와르르 무너지고 말았어요. 양만춘은 이 기회를 놓치지 않고 활을 쏘며 당의 군대를 공격했어요. 결국 당 태종은 패배를 인정하고 자기 나라로 돌아갔어요. 연개소문은 이후에도 거듭되는 당의 침략을 모두 물리쳤지요.

안시성 싸움에서 후퇴하면서 병을 얻어 고생하던 당 태종은 앞으로 고구려를 침략하지 말라고 유언을 남겼어요. 중국의 경극에 연개소문이 무서운 인물로 등장하는 것만 봐도 당 사람들이 연개소문을 얼마나 두려워했는지 알 수 있어요.

01 고구려 때 있었던 일에 대한 설명이 맞는 것을 모두 찾아 ✓ 하세요.

(1) 중국은 수가 멸망한 뒤 당이 새롭게 세워졌어요. ☐

(2) 연개소문은 당과 사이좋게 지내길 원했지만 영류왕은 반대했어요. ☐

(3) 영류왕과 귀족들은 자신들의 생각과 다른 연개소문을 없애려고 했어요. ☐

(4) 연개소문은 영류왕을 죽이고 자신이 왕위에 올랐어요. ☐

02 연개소문에 대한 글을 읽고, 빈 곳에 알맞은 성의 이름을 쓰세요.

연개소문은 당의 침입에 대비해 부여성에서 비사성까지 ______________ 을 쌓아 완성했어요.

03 고구려와 당에 대한 설명으로 틀린 것을 고르세요. (　　　　)

① 당 태종은 연개소문이 영류왕을 죽인 일을 핑계 삼아 고구려를 침입했어요.

② 안시성의 양만춘과 백성들은 하나로 똘똘 뭉쳐 당의 군대에 완강하게 저항했어요.

③ 당 태종은 꾸준히 고구려를 공격해 반드시 고구려를 무너뜨리라는 유언을 남겼어요.

④ 당의 군대는 막강한 무기로 천리장성을 무너뜨리고 안시성을 공격했어요.

04 안시성 싸움이 일어난 과정의 순서대로 빈칸에 번호를 쓰세요.

고구려군은 활을 쏘며 당의 군대를 공격해 몰아냈어요. ☐	당의 군대는 안시성의 성벽 높이만 한 흙산을 쌓았어요. ☐	당의 군대가 쌓은 흙산이 비가 와 무너지고 말았어요. ☐

친구들이 설명하는 낱말을 글자판에서 찾아 ⬭으로 묶으세요.
(낱말은 가로, 세로로 찾을 수 있어요.)

① 한 나라의 땅을 부르는 말이야.

② 나라의 법과 명령을 모두 부르는 말이야.

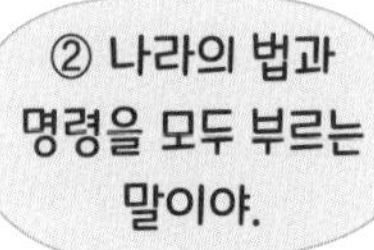

③ 전쟁 같은 것에서 뒤로 물러나는 것을 말해.

④ 국가가 법으로 정해 보호하고 관리하는 문화재를 말해.

저	울	도	읍	내	도
항	구	끼	약	국	물
아	후	퇴	비	보	영
리	배	율	령	감	토
두	유	명	정	벌	금
뇌	교	복	원	새	벽

⑤ 이건 한 나라의 수도를 부르는 말이야.

⑥ 옛날 중국 공자의 가르침에서 시작된 도덕 사상을 말해.

⑦ 적이나 나쁜 무리를 힘으로 물리치는 것을 말해.

⑧ 어떤 힘이나 조건에 굽히지 않고 거역하거나 견디는 것을 말해.

글의 내용이 맞는 것만 따라가며 줄을 긋고, 도착한 곳에 있는 친구에게 ○ 하세요.

백제의 전성기를 이끈 왕은 백제 영토를 가장 많이 넓힌 근초고왕이에요.

백제의 학자 아직기와 왕인은 왜에 한자와 유교를 전했어요.

고이왕은 백제의 400여 년 역사를 정리한 역사책을 펴냈어요.

백제의 근초고왕은 관리의 등급을 나누고 율령을 만들어 백성들에게 널리 알렸어요.

백제 기술자들은 왜에 백제의 기술로 절을 지어 주었어요.

고구려의 장수왕은 불교를 받아들이고 국립 학교인 태학을 세워 인재를 키웠어요.

수의 양제는 별동대를 꾸려 고구려의 을지문덕이 지키는 평양성을 공격했어요.

고구려의 광개토 대왕은 백제를 공격해 한강 위쪽의 땅을 차지했어요.

고구려의 영류왕은 당을 공격하자고 했고, 연개소문은 당과 사이좋게 지내기를 원했어요.

당의 태종은 고구려의 안시성을 공격하기 위해 안시성의 성벽 높이만 한 흙산을 쌓았어요.

살수 대첩은 고구려의 장군인 을지문덕이 중국 당과 싸워 크게 진 싸움이에요.

주몽 신화

동명 성제의 성은 고씨요, 이름은 주몽이다. 처음에 북부여 왕 해부루가 동부여로 자리를 피하고 나서 부루가 죽으니 금와가 왕위를 이었다. 이때에 왕은 태백산 남쪽 우발수에서 한 여자를 만나서 사정을 물었더니 그가 말하기를 "나는 본시 하백의 딸로서 이름은 유화인데 여러 아우들과 함께 나와 놀던 중 때마침 한 사나이가 있어 천제의 아들 해모수라고 자칭하면서 나를 유인하여 웅신산 밑 압록강 변에서 정을 통하고는 가서 돌아오지 않았다. 부모는 내가 중매도 없이 외간 남자를 따랐다고 하였다. 그래서 지금 이곳에서 귀양살이를 하고 있다."라고 하였다.

금와가 이를 이상히 여겨 방 속에 깊이 가두었더니 햇빛이 그녀를 비추었다. 그녀는 몸을 끌어 이를 피하였으나 햇빛은 또 쫓아와 비추곤 하였다. 그리하여 잉태하여 알 한 개를 낳으니 크기가 다섯 되 정도는 되었다. 왕이 이것을 버려 개와 돼지에게 주니 모두 먹지 않았다. 다시 이것을 길바닥에 버렸더니 소와 말이 피해 갔다. 이것을 들에 버렸더니 새와 짐승이 덮어 주었다. 왕이 이것을 쪼개려 하여도 깨뜨릴 수가 없어 그만 그 어미에게 돌려주었다. 어미가 이것을 물건으로 싸서 따뜻한 데 두었더니 아이 하나가 껍질을 깨고서 나왔는데 골격이나 외양이 영특하고 신기롭게 생겼다. 나이 겨우 일곱 살에 뛰어나게 숙성하여 제 손으로 활과 살을 만들어 1백 번 쏘면 1백 번 맞혔다. 이 나라 풍속에 활 잘 쏘는 자를 주몽이라 하므로 이로써 이름을 지었다.

일연, 『삼국유사』, 국사편찬위원회, 한국사 데이터베이스

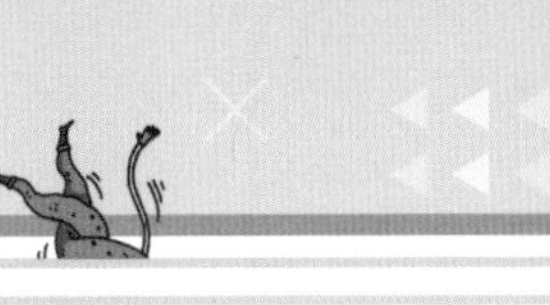

01 이 글은 누구에 대해 쓴 글인지 찾아 ○ 하세요.

북부여 왕 해부루	동부여 왕 금와	천제의 아들 해모수	유화의 아들 주몽

02 주몽 신화에 대한 내용으로 맞는 것을 모두 고르세요. (　　　,　　　)

① 금와왕이 유화를 방 속에 가두었더니 햇빛이 그녀를 비추었어요.

② 유화가 햇빛을 피하자 햇빛은 사라졌어요.

③ 유화가 낳은 알은 한 되 정도의 크기였어요.

④ 금와왕이 유화가 낳은 알을 길바닥에 버리자 소와 말이 피해 갔어요.

03 주몽에 대한 글을 읽고, 알맞은 말에 ○ 하세요.

주몽은 나이 겨우 (**일곱 살** | **열일곱 살**)에 뛰어나게 숙성하여 제 손으로 (**칼과 방패** | **활과 살**)을/를 만들었어요.

주몽은 (**칼 잘 쓰는 자** | **활 잘 쏘는 자**)를 부르는 이름이에요.

어휘 풀이

- **사정** 일의 형편. 또는 일이 일어난 까닭.
- **아우** 남자끼리 또는 여자끼리 친한 사이에서 자기보다 나이가 적은 사람을 이르거나 부르는 말.
- **천제** 하늘에 있으면서 우주를 만들고 다스린다는 신.
- **자칭** 자기 자신을 스스로 일컬음.
- **귀양살이** 옛날에 죄지은 사람이 정해진 지역에 가서 제한된 생활을 하는 일.
- **잉태** 배 속에 아이나 새끼를 가짐.
- **숙성하다** 나이에 견주어 철들거나 몸이 자라는 속도가 빠르다.

3주 삼국 시대 2

1일

어휘 | 경계, 사방, 수확량, 우경법, 점령, 정비
독해 | 삼국 중 가장 늦게 전성기를 맞은 신라

2일

어휘 | 관측, 동맹, 반란, 사신, 위협, 함락
독해 | 우리나라 최초의 여왕은 누구일까?

3일

어휘 | 권력, 돌진, 연합군, 용맹, 울분, 적진
독해 | 신라, 삼국을 통일하다

4일

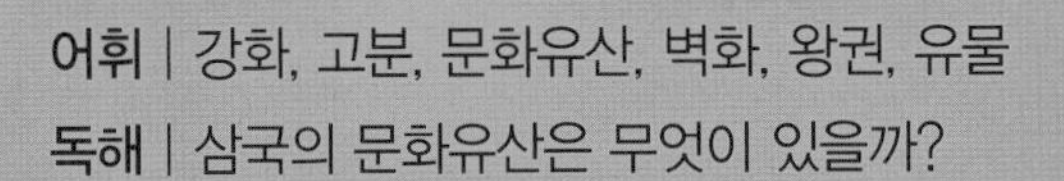

어휘 | 강화, 고분, 문화유산, 벽화, 왕권, 유물

독해 | 삼국의 문화유산은 무엇이 있을까?

5일

어휘 | 공, 대가, 세금, 소유물, 지불, 포로

독해 | 삼국의 백성들은 어떻게 살았을까?

6일

복습

어휘

경계 나누어진 두 지역이 서로 만나는 자리.

사방 동, 서, 남, 북의 네 가지 방향.

수확량 심어서 가꾼 곡식이나 채소 같은 것을 거두어들인 양.

우경법 소를 이용하여 밭을 가는 방법.

점령 적군의 영토를 군대가 가서 싸워 빼앗아 차지함.

정비 흐트러진 제도나 조직 같은 것을 정리하여 제대로 갖춤.

01 초성을 참고하여 뜻에 알맞은 낱말을 빈칸에 쓰세요.

(1) ㅈ ㄹ : 적군의 영토를 군대가 가서 싸워 빼앗아 차지함. ➡ [ ]

(2) ㄱ ㄱ : 나누어진 두 지역이 서로 만나는 자리. ➡ [ ]

(3) ㅇ ㄱ ㅂ : 소를 이용하여 밭을 가는 방법. ➡ [ ]

02 ( ) 안에서 알맞은 낱말을 골라 ○ 하세요.

(1) (**가축량** | **수확량**) : 심어서 가꾼 곡식이나 채소 같은 것을 거두어들인 양.

(2) (**사방** | **개방**) : 동, 서, 남, 북의 네 가지 방향.

(3) (**정보** | **정비**) : 흐트러진 제도나 조직 같은 것을 정리하여 제대로 갖춤.

03 빈칸에 알맞은 낱말을 찾아 선으로 이으세요.

(1) 산꼭대기에 오르니 동서남북 [ ] 어디를 보아도 경치가 좋았어요. • • ㉠ 정비

(2) 올해는 작년보다 과수원의 사과 [ ]이 늘었어요. • • ㉡ 수확량

(3) 치열한 전투 끝에 적의 도읍을 [ ]했어요. • • ㉢ 경계

(4) 이 강을 [ ]로 마을이 둘로 나뉘어요. • • ㉣ 점령

(5) 아이들의 교통안전을 위해 법을 새롭게 [ ]했어요. • • ㉤ 사방

(6) 신라 때 소를 이용해 농사짓는 [ ]을 실시해 농업이 발달했어요. • • ㉥ 우경법

삼국 중 가장 늦게 전성기를 맞은 신라

고구려, 백제, 신라 중에서 가장 늦게 발전한 나라는 신라예요. 신라는 사방이 산으로 둘러싸여 있어서 발전된 바깥 문화를 늦게 받아들여 다른 나라보다 발전이 늦었어요.

신라는 고구려와 백제처럼 왕이라는 호칭을 쓰지 않고 거서간, 차차웅, 이사금, 마립간 순으로 지배자의 호칭이 여러 번 바뀌었어요.

신라는 차근차근 발전해 갔어요. 지증왕은 신라의 발전을 위해 나라 이름을 '신라'로 정하고, '왕'이라는 호칭을 사용했어요. 그리고 지방을 주, 군, 현으로 나누고, 그곳에 '군주'라는 관리를 보내 왕의 명령이 먼 지방까지 전달되게 했어요. 또 지증왕은 백성들에게 우경법을 널리 알렸는데 이를 통해 수확량이 크게 늘어나 신라는 농업이 발전하게 되었어요.

법흥왕은 더욱더 강한 신라를 만들기 위해 율령을 만들어 널리 퍼트렸어요. 골품제를 정비해 관료들의 등급을 나누고, 등급에 따라 정해진 색의 옷을 입게 했어요. 백성들의 마음을 하나로 모으기 위해 불교도 받아들였지요. 신라가 점차 강해지자 금관가야는 법흥왕에게 스스로 항복했어요. 그 뒤로 법흥왕은 점점 영토를 넓혀 갔어요.

신라는 진흥왕 때 전성기를 맞았어요. 신라군은 백제군과 함께 고구려를 공격해 한강 유역을 빼앗아 한강 상류 쪽을 차지했고, 백제는 한강 하류 쪽을 차지했어요. 그 뒤 진흥왕은 백제를 공격해 한강 유역을 모두 점령했지요. 또 가야국 전체를 정복하고, 고구려의 함경도 지역까지 영토를 넓혔어요. 진흥왕은 새로 차지한 영토의 경계를 널리 알리기 위해 비석을 곳곳에 세웠답니다.

▲ 서울 북한산 신라 진흥왕 순수비
(국립 중앙 박물관)

진흥왕은 한강 유역을
차지하고 이것을 기념하기
위해 북한산 꼭대기에
순수비를 세웠대.

01 신라에 대한 글을 읽고, 알맞은 말에 ○ 하세요.

신라는 사방이 (강 | 산)으로 둘러싸여 있어서 발전된 바깥 (문화 | 문자)를 늦게 받아들여 다른 나라보다 발전이 늦었어요.

02 신라의 지배자를 부르는 호칭이 어떤 순서로 바뀌었는지 보기에서 찾아 쓰세요.

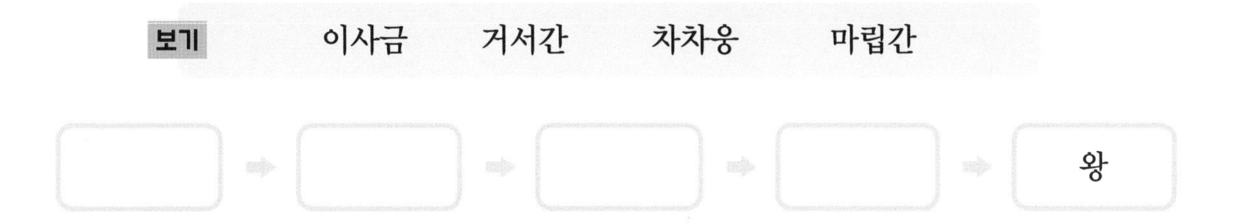

03 지증왕, 법흥왕, 진흥왕이 한 일을 보기에서 모두 찾아 기호를 쓰세요.

보기

㉠ 백제를 공격해 한강 유역을 모두 점령했어요.
㉡ 나라 이름을 '신라'로 정하고, '왕'이라는 호칭을 사용했어요.
㉢ 골품제를 정비해 관료들의 등급을 나누고, 등급에 따라 정해진 색의 옷을 입게 했어요.
㉣ 강한 신라를 만들기 위해 율령을 만들었어요.
㉤ 가야국 전체를 정복하고, 고구려의 함경도 지역까지 영토를 넓혔어요.

(1) 지증왕 (　　　)　(2) 법흥왕 (　　,　　)　(3) 진흥왕 (　　,　　)

04 신라의 왕이 한 일에 대한 설명이 틀린 것을 고르세요. (　　　)

① 지증왕은 지방을 주, 군, 현으로 나누고, 그곳에 '군주'라는 관리를 보냈어요.
② 법흥왕은 금관가야의 끈질긴 저항으로 금관가야를 점령하지 못했어요.
③ 법흥왕은 백성들의 마음을 하나로 모으기 위해 불교를 받아들였어요.
④ 진흥왕은 새로 차지한 영토의 경계를 알리기 위해 곳곳에 비석을 세웠어요.

어휘

관측 눈이나 기계로 자연에서 일어나는 일을 살핌.

동맹 무리나 나라끼리 이익을 위해서 힘을 합치기로 약속함.

반란 정부나 지도자 등에 반대하여 일으킨 싸움.

사신 옛날에 임금의 명령을 받고 다른 나라에 가는 신하.

위협 무서운 말이나 행동으로 상대방에게 겁을 줌.

함락 적의 성이나 군사 시설 등을 공격해 무너뜨림.

01 ( ) 안에서 알맞은 낱말을 골라 ○ 하세요.

(1) **동맹** 무리나 나라끼리 (**손해** | **이익**)을/를 위해서 힘을 합치기로 약속함.

(2) **관측** 눈이나 기계로 (**자연** | **인공**)에서 일어나는 일을 살핌.

(3) **위협** 무서운 말이나 행동으로 상대방에게 (**겁** | **용기**)을/를 줌.

(4) **함락** 적의 성이나 군사 시설 등을 (**방어해** | **공격해**) 무너뜨림.

(5) **반란** 정부나 지도자 등에 (**반대하여** | **찬성하여**) 일으킨 싸움.

(6) **사신** 옛날에 임금의 명령을 받고 다른 나라에 가는 (**상인** | **신하**).

02 ( ) 안에 알맞은 낱말을 보기에서 찾아 기호를 쓰세요.

㉠ 위협

㉡ 동맹

㉢ 반란

(1) 왕에게 불만을 품은 귀족들이 모여 ( )을 맺었대.

(2) 으악, 그 귀족들이 왕의 개혁에 반대한다며 ( )을 일으켰구나!

(3) 왕은 생명에 ( )을 느꼈을 거야.

03 빈칸에 알맞은 낱말이 차례대로 묶인 것을 고르세요. ( )

- 우리는 천문대에 가서 커다란 망원경으로 우주를 [ ]했어요.
- [ ]은 다른 나라와 외교 관계를 맺기 위해 배에 올랐어요.
- 장군! 큰일 났습니다. 적이 쳐들어와 [ ] 위기에 처했습니다.

① 관측 – 사신 – 함락
② 함락 – 사신 – 관측
③ 사신 – 함락 – 관측
④ 관측 – 함락 – 사신

우리나라 최초의 여왕은 누구일까?

우리나라 최초의 여왕은 신라의 선덕 여왕이에요. 신라의 왕족 신분에는 성골과 진골이 있었는데, 그중 성골만이 왕이 될 수 있었어요. 그러나 진평왕이 세상을 떠난 뒤 성골 남자가 없자 성골인 첫째 딸 덕만 공주가 왕위에 올라 선덕 여왕이 되었어요.

선덕 여왕은 누구보다 신라를 잘 다스리기 위해 노력했어요. 백성들의 살림을 돌보고자 첨성대를 세워 별의 움직임을 관측해 농사에 도움을 주었어요. 그리고 불교를 믿는 신앙의 힘으로 왕권을 튼튼히 하고, 신라를 지키겠다는 의지를 보여 주기 위해 황룡사에 30층 높이의 거대한 '황룡사 9층 목탑'을 세웠어요.

선덕 여왕 때 가장 큰 위협이 되던 나라는 백제였어요. 백제는 신라의 40여 개 성을 함락하고, 낙동강 서쪽 지방에 있는 대야성까지 공격해 무너뜨렸어요. 선덕 여왕은 고구려에 김춘추를 사신으로 보내 백제를 함께 치자고 제안했어요. 그러나 고구려 보장왕은 과거 고구려의 땅이었던 한강 상류를 내놓으면 제안에 응하겠다고 하면서 김춘추를 감옥에 가둬 버렸어요. 김춘추는 꾀를 내어 겨우 풀려났고, 고구려와의 동맹은 이루어지지 못했어요.

한편 신라의 최고 관직인 상대등이 반란을 일으켰는데, 이 와중에 선덕 여왕은 죽고 진덕 여왕이 왕위에 올랐어요. 반란은 김춘추와 김유신에 의해 진압되었지요. 이후 김춘추는 중국 당으로 가서 당 태종을 설득해 '나당 동맹'을 맺었어요. 고구려와 어려운 싸움을 했던 당 태종은 신라와 힘을 합치는 게 유리하다고 생각한 거예요. 나당 동맹은 훗날 신라가 백제와 고구려를 무너뜨리는 데 밑거름이 되었답니다.

◀ 첨성대
(한국민족문화대백과사전)

01 친구들의 물음에 알맞은 사람은 누구인지 쓰세요.

(1)

중국 당으로 가 당 태종을 설득해 동맹을 맺은 사신은 누구일까?

(2)

02 선덕 여왕에 대한 설명이 맞으면 ○, 틀리면 × 하세요.

(1) 별의 움직임을 관측해 농사에 도움을 주고자 첨성대를 세웠어요. (　　　)

(2) 30층 높이나 되는 거대한 황룡사 9층 목탑을 세웠어요. (　　　)

(3) 최초의 진골 출신 여왕으로 신라를 잘 다스리기 위해 노력했어요. (　　　)

(4) 백제에 김춘추를 사신으로 보내 고구려를 함께 치자고 제안했어요. (　　　)

03 신라에 대한 설명으로 틀린 것을 고르세요. (　　　)

① 왕족 신분은 성골과 진골이 있는데 그중 성골만 왕이 되었어요.

② 선덕 여왕 때 백제에 40여 개의 성을 빼앗겼어요.

③ 선덕 여왕 때 고구려에 한강 상류를 내주었어요.

④ 선덕 여왕 때 가장 위협이 되던 나라는 백제였어요.

04 김춘추가 당 태종을 설득해 맺은 동맹의 이름은 무엇인지 쓰세요.

어휘

권력 다른 사람이나 집단을 지배하거나 복종시킬 수 있는 힘.

돌진 어떤 곳으로 빠르고 힘차게 앞으로 나아감.

연합군 전쟁에서 둘 이상의 나라가 합쳐 이룬 군대.

용맹 용감하고 기운차고 움직임이 매우 빠름.

울분 답답하고 분한 마음.

적진 적의 군대가 자리를 잡아 지내고 있는 곳.

01 뜻에 알맞은 낱말을 보기 에서 찾아 빈칸에 쓰세요.

보기 연합군 용맹 울분 돌진 적진 권력

(1) 어떤 곳으로 빠르고 힘차게 앞으로 나아감. .... [ ]

(2) 전쟁에서 둘 이상의 나라가 합쳐 이룬 군대. .... [ ]

(3) 답답하고 분한 마음. .... [ ]

(4) 적의 군대가 자리를 잡아 지내고 있는 곳. .... [ ]

(5) 다른 사람이나 집단을 지배하거나 복종시킬 수 있는 힘. .... [ ]

(6) 용감하고 기운차고 움직임이 매우 빠름. .... [ ]

02 빈칸에 알맞은 낱말을 찾아 선으로 이으세요.

(1) 백제와 신라는 동맹을 맺고 힘을 합쳐 [ ]을 조직해 고구려를 공격했어요. • • ㉠ 용맹

(2) 장군과 병사들은 위험을 무릅쓰고 [ ]에 뛰어들었어요. • • ㉡ 적진

(3) 우리나라 진돗개는 충성심이 강하고 [ ]한 개로 알려져 있어요. • • ㉢ 연합군

03 ( ) 안에 알맞은 낱말을 보기 에서 찾아 기호를 쓰세요.

보기 ㉠ 권력 ㉡ 돌진 ㉢ 울분

(1) 옛날에 절대 ( )을 가진 사람은 임금님이었어요.

(2) 동생은 게임에서 지고 ( )을 참지 못해 주먹을 불끈 쥐었어요.

(3) 산에서 내려온 멧돼지가 비닐하우스를 향해서 ( )했어요.

신라, 삼국을 통일하다

신라는 고구려와 백제를 무너뜨리고 삼국을 통일했어요. 오랜 세월 동안 이어진 고구려, 백제, 신라의 전쟁에서 결국 신라가 승리한 거지요.

신라 태종 무열왕은 고구려와 백제 중에서 정치적으로 혼란스러웠던 백제를 먼저 공격하기로 했어요. 신라는 나당 동맹을 맺은 당에 백제의 도읍 사비성으로 군대를 보내 줄 것을 청한 뒤 김유신 장군도 사비성을 향했어요. 그런데 용맹하다고 소문난 백제의 계백 장군이 황산벌에서 딱 버티고 있어 도무지 뚫을 방법이 없었어요. 그때 화랑인 관창이 혼자서 말을 타고 적진을 향해 돌진했어요. 계백 장군은 어린 관창의 용기에 놀라며 관창을 살려 보내 주었지만, 관창이 또다시 공격해 오자 관창을 죽인 후 말에 묶어 신라군에 돌려보냈어요. 신라군은 관창의 죽음에 울분을 터트렸고, 다시 용기를 내서 적진으로 돌진해 황산벌 전투에서 승리했어요. 그 뒤로 나당 연합군은 백제의 사비성으로 쳐들어가 성을 빼앗고, 결국 백제를 무너뜨렸지요.

백제를 멸망시킨 신라는 당과 함께 고구려를 끊임없이 공격했어요. 하지만 고구려는 쉽게 무너지지 않았어요. 때마침 고구려의 최고 권력자인 연개소문이 죽자 그의 아들들이 권력 다툼을 벌여 고구려는 혼란에 빠졌지요. 이 틈을 타 북쪽에서는 당의 군대가, 남쪽에서는 신라의 군대가 평양성을 공격해 고구려를 멸망시켰어요. 비록 당의 힘을 빌리기는 했지만, 신라가 삼국을 통일한 거예요.

01 황산벌 전투에 대한 글을 읽고, 빈 곳에 알맞은 장군 이름을 쓰세요.

신라의 ________ 장군은 백제를 정벌하기 위해 사비성으로 향했어요. 그런데 용맹하다고 소문난 백제의 ________ 장군이 황산벌에서 딱 버티고 있었어요.

02 삼국 통일 전에 일어난 일에 대해 <u>틀리게</u> 말한 친구를 찾아 ○ 하세요.

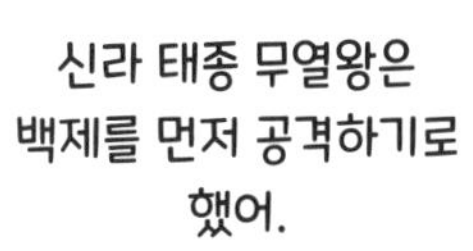

신라 태종 무열왕은 백제를 먼저 공격하기로 했어.

김유신 장군은 별 어려움 없이 단번에 황산벌을 차지했어.

황산벌에서 화랑 관창은 혼자서 적진을 향해 돌진했어.

신라는 백제를 멸망시키고 고구려를 끊임없이 공격했어.

03 고구려에 대한 글을 읽고, 밑줄 친 '이 사람'은 누구인지 쓰세요.

고구려의 최고 권력자인 **<u>이 사람</u>**이 죽자 그의 아들들이 권력 다툼을 벌여 고구려는 혼란에 빠졌어.

04 신라가 삼국을 통일한 과정의 순서대로 빈칸에 번호를 쓰세요.

- 신라군은 황산벌 전투에서 승리했어요. ☐
- 태종 무열왕은 중국 당에 군대를 보내 줄 것을 청했어요. ☐
- 나당 연합군은 고구려의 평양성을 빼앗고 고구려를 무너뜨렸어요. ☐
- 나당 연합군은 백제의 사비성을 빼앗고 백제를 무너뜨렸어요. ☐

어휘

강화 세력이나 힘을 더 강하고 튼튼하게 만듦.

고분 아주 먼 옛날에 만들어진 무덤.

문화유산 문화적인 가치가 높아 후손에게 물려줄 필요가 있는 것.

벽화 건물이나 동굴, 무덤 등의 벽에 그린 그림.

왕권 임금이 지니고 있는 힘이나 권리.

유물 앞선 시대에 살았던 사람들이 남긴 물건.

01 뜻에 알맞은 낱말이 되도록 글자를 모두 찾아 ○ 하세요.

(1) 아주 먼 옛날에 만들어진 무덤.

극	보	고	철	분

(2) 임금이 지니고 있는 힘이나 권리.

복	왕	권	위	리

(3) 앞선 시대에 살았던 사람들이 남긴 물건.

유	시	전	물	관

02 낱말의 뜻을 보기 에서 찾아 기호를 쓰세요.

보기

㉠ 건물이나 동굴, 무덤 등의 벽에 그린 그림.

㉡ 세력이나 힘을 더 강하고 튼튼하게 만듦.

㉢ 문화적인 가치가 높아 후손에게 물려줄 필요가 있는 것.

(1) 강화 (　　　)　(2) 문화유산 (　　　)　(3) 벽화 (　　　)

03 ▭▭ 안에서 알맞은 낱말을 골라 ○ 하세요.

(1) 왕은 군사력 [강화 | 강요] 를 위해 무기를 많이 만들었어요.

(2) 우리 마을 벽에 그려진 [벽화 | 대화] 를 보기 위해 관광객이 많이 왔어요.

(3) 경주에는 불국사, 석굴암 등 많은 [문화생활 | 문화유산] 이 있어요.

(4) 신라의 [고물 | 고분] 에서 옛날에 사용했던 물건들이 발견되었어요.

(5) 박물관에는 많은 [유물 | 유전] 들이 전시되어 있어요.

(6) 왕은 둘째 아들에게 [선왕 | 왕권] 을 물려주었어요.

독해

삼국의 문화유산은 무엇이 있을까?

지금까지 전해 내려오는 삼국 시대의 대표적인 문화유산은 고분과 불교문화예요.

옛날 무덤인 고분 속에는 당시 사람들이 사용했던 유물과 생활 모습을 그린 벽화 등이 있어요. 고구려 고분 속 벽과 천장에는 활을 쏘며 사냥하는 모습과 행렬하는 모습 등 그 당시 고구려 사람들의 모습이 그려져 있지요. 고구려 초기에는 돌을 쌓아 올려 무덤을 만들었는데, 후기에는 돌로 방을 만들고 그 위에 흙으로 덮어서 무덤을 만들었어요.

백제 사람들도 고구려와 비슷한 형태로 무덤을 만들었어요. 하지만 무령왕릉은 다른 무덤과 다르게 내부를 벽돌로 쌓아 만들었지요. 무령왕릉 속에서는 백제 사람들의 섬세한 솜씨가 돋보이는 유물들이 많이 발견되었어요.

신라 사람들은 고구려, 백제와 다르게 나무로 방을 만들고 그 위에 돌을 쌓은 뒤 흙을 덮는 독특한 형태의 무덤을 만들었어요. 신라 고분에서는 금으로 만든 화려한 장신구들이 많이 발견되었지요.

삼국은 중국에서 불교를 받아들였어요. 불교는 왕권을 강화하고, 큰 힘을 가진 귀족 세력을 누르고 백성들의 마음을 하나로 모으는 역할을 했지요. 삼국의 왕은 백성들이 불교를 받아들일 수 있게 절, 탑, 불상 등을 많이 만들었어요. 현재 남아 있는 삼국의 석탑으로는 백제의 '익산 미륵사지 석탑', 신라의 '경주 분황사 모전석탑' 등이 있어요. 불상 중에서는 고구려의 '금동 연가 7년명 여래 입상'이 국보로 지정된 삼국을 대표하는 금동불이에요. 금동불은 얇은 금을 입힌 불상을 말한답니다.

▲ 천마총(한국민족문화대백과사전)

▲ 익산 미륵사지 석탑(한국민족문화대백과사전)

01 삼국의 고분에 대한 설명이 맞으면 '예', 틀리면 '아니요'에 ○ 하세요.

(1) 백제의 고분 벽화에는 활을 쏘며 사냥하는 모습이 그려져 있어요. (예 | 아니요)

(2) 고구려 후기에는 나무로 방을 만들고 그 위에 돌을 쌓는 독특한 형태의 무덤을 만들었어요. (예 | 아니요)

(3) 신라 고분에서는 금으로 만든 화려한 장신구가 많이 발견되었어요. (예 | 아니요)

02 빈칸에 알맞은 낱말이 차례대로 묶인 것을 고르세요. (   )

> 삼국은 ☐을 강화하고, 큰 힘을 가진 ☐ 세력을 누르고, ☐들의 마음을 하나로 모으기 위해 불교를 받아들였어요.

① 왕권 – 백성 – 귀족
② 왕권 – 귀족 – 백성
③ 백성 – 귀족 – 왕권
④ 귀족 – 왕권 – 백성

03 삼국의 문화유산에 대해 바르게 말한 아이를 모두 찾아 이름을 쓰세요.

(,   )

- **진아**: 고구려 고분과 백제의 고분은 비슷한 형태로 지어졌어.
- **서준**: 현재 남아 있는 고구려의 석탑은 경주 분황사 모전석탑이야.
- **선우**: 익산 미륵사지 석탑은 현재 남아 있는 백제의 탑이야.
- **하은**: 무령왕릉은 돌로 방을 만들고 그 위에 흙을 덮는 무덤 형태로 만들었어.

04 현재 남아 있는 불상 중에서 국보로 지정된 고구려의 금동불 이름을 쓰세요.

[   ]

어휘

공 어떤 일을 하는 데 쏟는 힘과 정성. 또는 그 결과.

대가 물건의 값으로 내는 돈.

세금 국가나 지방 자치 단체가 국민한테서 거두어들이는 돈.

소유물 자기의 것으로 가지고 있는 물건.

지불 돈을 내거나 값을 치름.

포로 사로잡은 적.

01 빈칸에 알맞은 낱말을 찾아 선으로 이으세요.

(1) ☐는 물건의 값으로 내는 돈을 말해요. • • ㉠ 세금

(2) ☐은 국가나 지방 자치 단체가 국민한테서 거두어들이는 돈을 말해요. • • ㉡ 공

(3) ☐은 어떤 일을 하는 데 쏟는 힘과 정성 또는 그 결과를 말해요. • • ㉢ 대가

02 낱말에 대한 설명이 맞으면 ○, 틀리면 × 하세요.

(1) 돈을 거두어들이는 것을 '지불'이라고 해요. (　　)

(2) 자기의 것으로 가지고 있는 물건을 '소유물'이라고 해요. (　　)

(3) 사로잡은 적을 '포로'라고 해요. (　　)

03 빈 곳에 알맞은 낱말을 보기에서 찾아 쓰세요.

보기 세금 소유물 지불 공 대가 포로

(1) 장군은 전쟁에서 승리해 나라를 구하는 큰 ________을 세웠어요.

(2) 반려견을 자신의 ________로 생각해 함부로 대해서는 안 돼요.

(3) 그들은 적에게 ________로 잡혀 온몸이 밧줄로 꽁꽁 묶였어요.

(4) 오늘 서점에 가서 책을 사고 돈을 ________했어요.

(5) 국가는 나라의 살림을 꾸려 가기 위해 국민에게 ________을 걷어요.

(6) 아빠는 주문한 물건의 ________를 카드로 지불했어요.

삼국의 백성들은 어떻게 살았을까?

삼국 시대에는 사람들의 신분이 크게 귀족, 평민, 노비로 나뉘었어요. 신분에 따라 사람들의 생활 모습이 크게 달랐지요.

귀족은 힘을 가진 집단에 속한 사람들과 전쟁에서 공을 세운 사람들이었어요. 귀족은 높은 관리가 되어 많은 땅과 노비를 가졌고, 국가의 중요한 일을 결정했어요. 그들은 창고가 딸린 넓은 기와집에서 살았고, 다양한 장식을 이용해 집을 화려하게 꾸몄어요. 또 쌀과 좋은 음식을 먹었고, 고운 베나 비단으로 만든 화려한 옷을 입었지요.

일반 백성인 평민은 대부분 농사를 짓고 사는 농민이었어요. 자기 땅에서 농사짓거나 부자나 귀족 땅을 빌려서 농사짓고 그 대가를 지불했어요. 평민들은 나라에 쌀, 보리 같은 곡물이나 옷감 등을 세금으로 내고, 궁궐을 짓거나 성을 쌓는 일을 해야 해서 생활이 어려웠어요. 또 전쟁이 일어나면 군인이 되어 나가서 싸워야 했지요. 평민들은 귀족과 달리 갈댓잎이나 짚으로 지붕을 얹은 초가집에서 살았어요. 음식과 옷도 귀족에 비해 초라해서 콩, 보리, 조, 수수 등 주로 잡곡을 먹었으며, 색이 단조로운 베로 만든 옷을 입었어요.

가장 낮은 신분은 노비였어요. 죄를 짓거나 전쟁 중에 포로가 되어 노비가 되기도 하고, 가난한 농민들이 주인에게 진 빚을 갚지 못해 노비가 되기도 했어요. 노비는 주로 귀족의 농사를 지어 주거나 주인집의 여러 가지 일을 하며 살았어요. 노비는 주인의 소유물로 여겨졌어요. 그래서 주인은 노비를 사고팔 수 있었고, 자식에게 물려줄 수 있었어요.

01 삼국 시대의 세 가지 신분을 쓰세요.

(, ,)

02 삼국 시대의 귀족에 대한 설명으로 틀린 것을 고르세요. ( )

① 전쟁에서 공을 세운 사람들은 귀족이 되었어요.

② 귀족은 주로 농사를 지으며 살았어요.

③ 창고가 딸린 기와집에서 살고, 다양한 장식을 해서 집을 꾸몄어요.

④ 고운 베나 비단으로 만든 화려한 옷을 입었어요.

03 어떤 신분에 대한 설명인지 알맞은 신분을 찾아 선으로 이으세요.

(1) 궁궐을 짓거나 성을 쌓는 일을 해야 했어요. • • ㉠ 귀족

(2) 높은 관리가 되어 국가의 중요한 일을 결정했어요. • • ㉡ 평민

(3) 귀족의 농사를 지어 주거나 주인집의 여러 가지 일을 했어요. • • ㉢ 노비

04 평민에 대한 설명이면 '평민', 노비에 대한 설명이면 '노비'를 쓰세요.

(1) 주인의 소유물로 여겨져 주인이 사고팔기도 했어요. [ ]

(2) 대부분 농사를 짓고 사는 농민이었어요. [ ]

(3) 초가집에 살고, 주로 잡곡을 먹었고, 베로 만든 옷을 입었어요. [ ]

(4) 삼국 시대의 신분 중에서 신분이 가장 낮았어요. [ ]

가로 풀이와 세로 풀이를 보고, 풀이에 알맞은 낱말을 빈칸에 쓰세요.

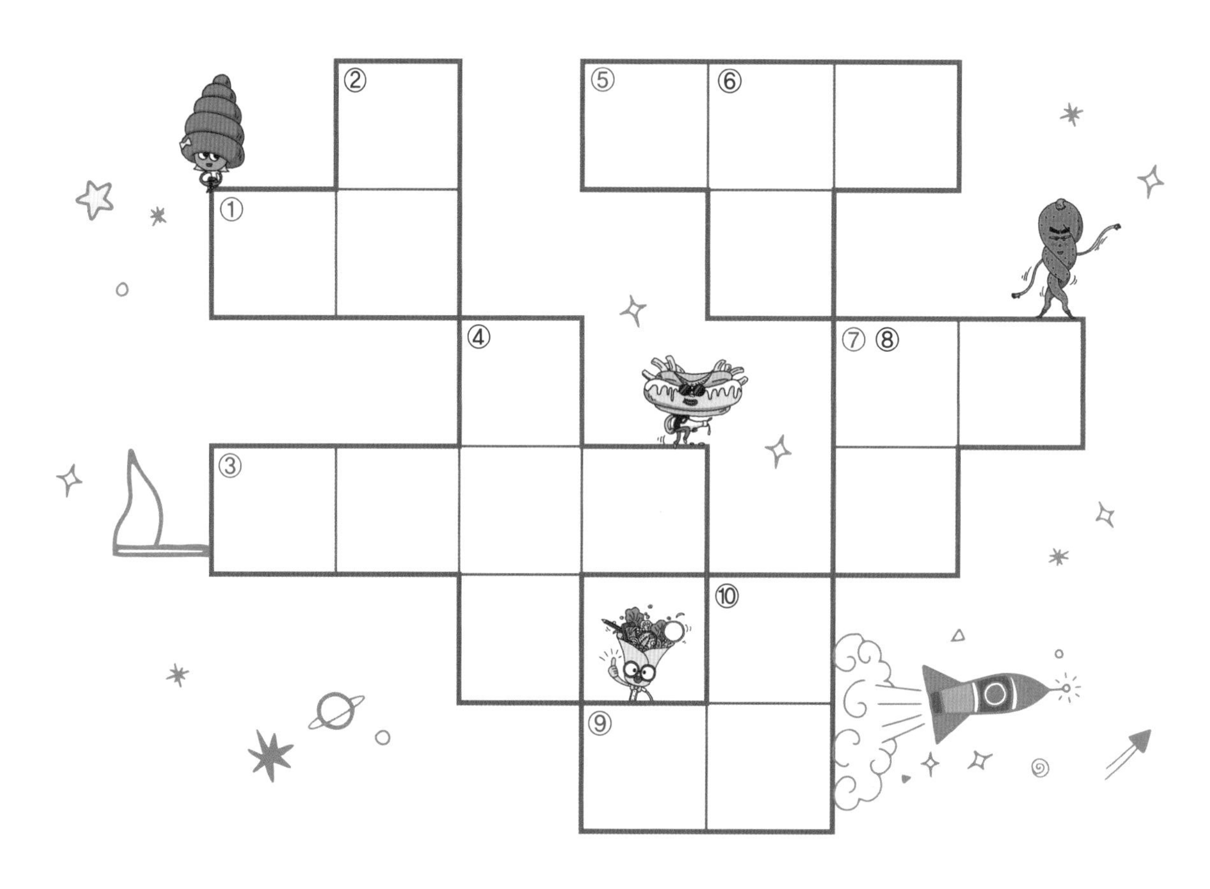

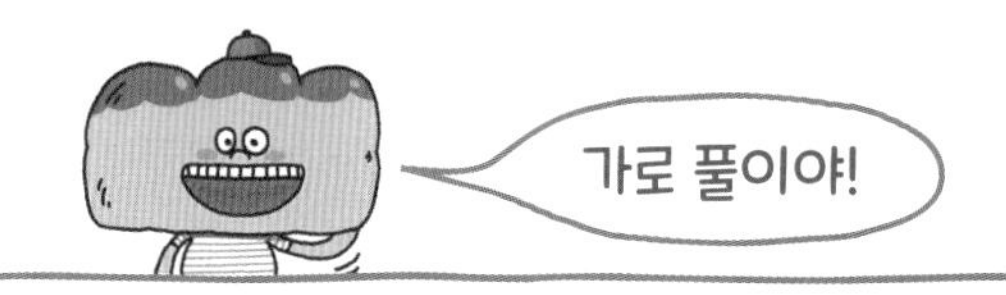

① 어떤 곳으로 빠르고 힘차게 앞으로 나아감.

③ 문화적인 가치가 높아 후손에게 물려줄 필요가 있는 것.

⑤ 소를 이용하여 밭을 가는 방법.

⑦ 동, 서, 남, 북의 네 가지 방향.

⑨ 답답하고 분한 마음.

② 적의 군대가 자리를 잡아 지내고 있는 곳.

④ 자기의 것으로 가지고 있는 물건.

⑥ 나누어진 두 지역이 서로 만나는 자리.

⑧ 옛날에 임금의 명령을 받고 다른 나라에 가는 신하.

⑩ 아주 먼 옛날에 만들어진 무덤.

글의 내용이 맞으면 ○, 틀리면 ×를 따라가며 줄을 그으세요.

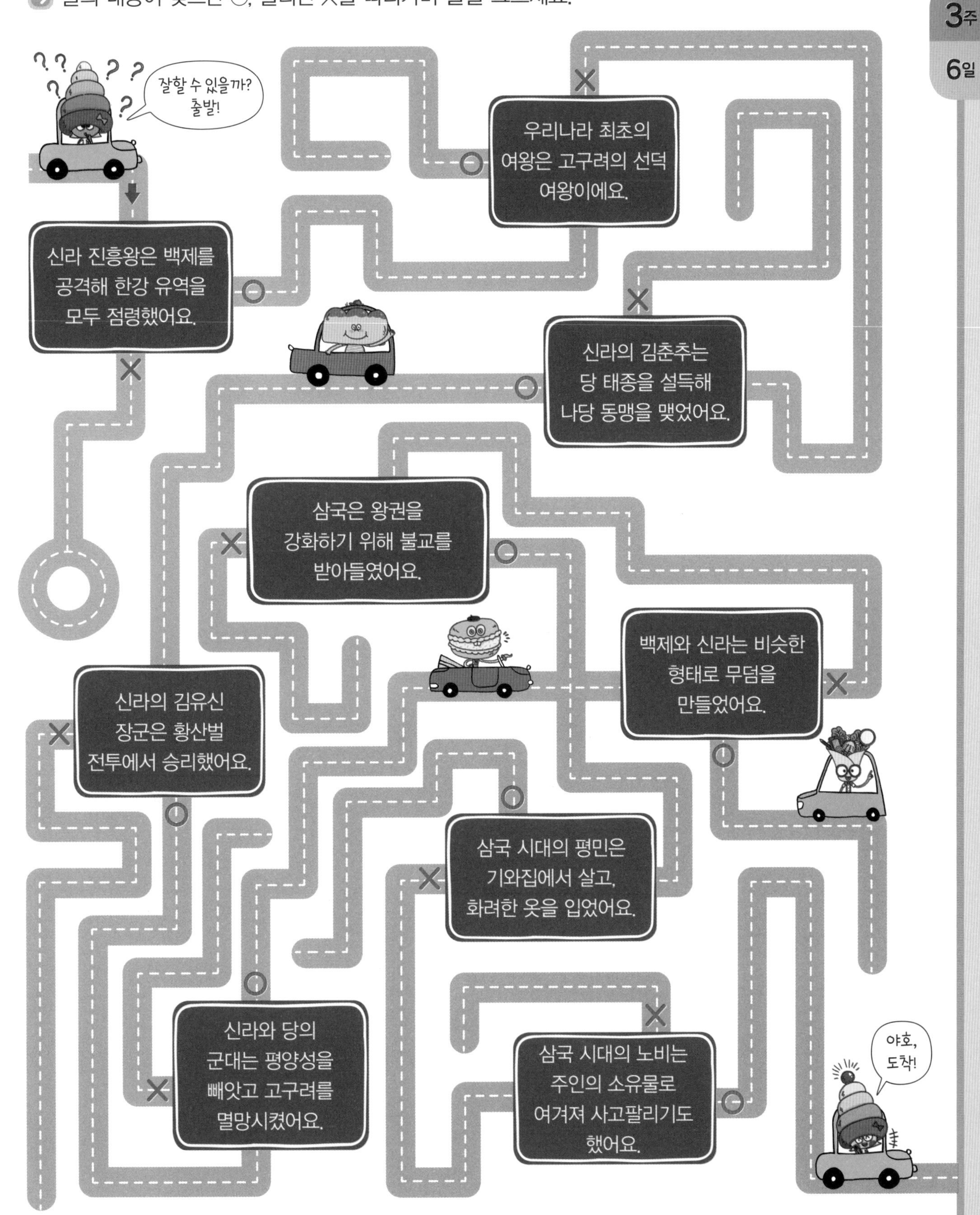

4주 남북국 시대

1일

어휘 | 봉급, 약화, 요구, 장인, 협의

독해 | 당을 몰아내고 하나 된 신라 만들기

2일

어휘 | 대중화, 문화재, 보급, 석굴, 인공, 저잣거리

독해 | 신라, 불교문화를 꽃피우다

중앙아시아
서아시아
인도

3일

어휘 | 개입, 서역, 암살, 장악, 쟁탈전, 해적

독해 | 기울어 가는 신라

5일

어휘 | 계획도시, 교통로, 번영, 수용, 특산물

독해 | 발해는 왜 해동성국이라 불렸을까?

4일

어휘 | 견제, 대립, 이주, 피신, 핍박, 회복

독해 | 고구려 유민이 세운 발해

6일

복습

교과서 속 책 읽기

어휘

봉급 일터에서 일한 값으로 받는 돈이나 물건.

약화 힘이나 세력, 기능 등이 약해짐.

요구 필요하거나 바라는 것을 달라고 함.

장인 아내의 아버지를 부르는 말.

협의 어떤 일이나 물체를 두고 둘 이상의 사람이 모여 의논함.

01 ( ) 안에 알맞은 낱말을 보기 에서 찾아 기호를 쓰세요.

보기 ㉠ 요구 ㉡ 협의 ㉢ 일터 ㉣ 아버지 ㉤ 약화

(1) 봉급: ( )에서 일한 값으로 받는 돈이나 물건.

(2) ( ): 힘이나 세력, 기능 등이 약해짐.

(3) 장인: 아내의 ( )를 부르는 말.

(4) ( ): 필요하거나 바라는 것을 달라고 함.

(5) ( ): 어떤 일이나 물체를 두고 둘 이상의 사람이 모여 의논함.

02 ( ) 안에서 알맞은 낱말을 골라 ○ 하세요.

(1) 주말에 아내의 친정집으로 가서 **(장승 | 장인)**과 바둑을 두었어요.

(2) 삼촌은 **(봉급 | 보급)**이 올랐다며 선물을 사 가지고 오셨어요.

03 빈 곳에 알맞은 낱말을 보기 에서 찾아 쓰세요.

보기 협의 요구 약화

(1) 우리나라 쪽으로 올라오던 태풍의 세력이 점점 ________ 되었어요.

(2) 나는 식당 직원에게 반찬을 더 달라고 ________ 했어요.

(3) 우리 가족은 간식으로 피자를 시켜 먹기로 ________ 했어요.

당을 몰아내고 하나 된 신라 만들기

신라는 나당 동맹을 맺고 당의 도움을 받아 삼국을 통일했어요. 나당 동맹을 맺을 때 당은 대동강 남쪽 지역을 신라의 영토로 인정하기로 협의했어요. 그런데 당은 전쟁이 끝나자 협의한 것을 지키지 않고 한반도 전체를 차지하려고 했지요.

신라의 문무왕은 당의 속셈을 알아채고 당의 군에 물러갈 것을 요구했지만, 당의 군이 물러나지 않자 전쟁을 벌였어요. 고구려와 백제의 유민들도 힘을 보태 당의 군과 맞서 싸웠어요. 무려 7년 동안 힘겨운 싸움 끝에 문무왕은 신라에서 당의 군을 완전히 몰아내고 비로소 진정한 삼국 통일을 이루었지요.

문무왕의 아들인 신문왕이 왕위에 오르자 장인 김흠돌이 귀족들과 함께 반란을 일으켰어요. 신문왕은 반란 세력을 모조리 없애 버렸지요. 그리고 귀족의 힘을 약화하고 왕권을 강화하기 위해 관리들에게 봉급으로 주던 논밭인 '녹읍'을 없앴고, 왕의 명령을 받아 업무를 처리하는 '집사부'의 기능을 강화했어요.

신문왕은 진정으로 하나 된 신라를 만들기 위해 제도를 새롭게 다듬었어요. 신문왕은 왕에게 충성할 인재를 키우기 위해 국립 교육 기관인 '국학'을 세웠어요. 그리고 넓어진 땅을 잘 다스리기 위해 전국을 9개의 주로 나누어 다스렸어요. 군사 제도도 새로 고쳐 도읍을 지키는 군대인 '9서당'을 만들어 신라, 백제, 고구려 사람을 차별하지 않고 골고루 군인으로 뽑았어요. 신문왕의 제도 정비를 바탕으로 하나가 된 신라는 전성기를 누릴 수 있었답니다.

01 문무왕 때의 일에 대한 설명이 맞는 것을 모두 찾아 ✓ 하세요.

(1) 당은 전쟁이 끝난 뒤 한반도 전체를 차지하려고 했어요. ☐

(2) 문무왕이 당의 군에 물러갈 것을 요구하자 당의 군은 자기 나라로 돌아갔어요. ☐

(3) 신라가 당과 전쟁을 할 때 고구려와 백제 유민은 참여하지 않았어요. ☐

(4) 문무왕은 7년 동안 당과 전쟁을 해서 당의 군을 완전히 몰아냈어요. ☐

02 신문왕이 왕위에 오르자 귀족들과 함께 반란을 일으킨 신문왕의 장인 이름을 쓰세요.

☐

03 신문왕에 대한 글을 읽고, 빈 곳에 알맞은 말을 쓰세요.

> 신문왕은 귀족의 힘을 약화하기 위해 관리에게 봉급으로 주던 논밭인 ＿＿＿＿＿을 없앴고, 왕권을 강화하기 위해 왕의 명령을 받아 업무를 처리하는 ＿＿＿＿＿의 기능을 강화했어요.

04 기호에 알맞은 말이 바르게 짝 지어진 것을 고르세요. (　　　)

> 신문왕은 왕에게 충성할 인재를 키우기 위해 (㉠)을 세웠어요. 그리고 넓어진 영토를 잘 다스리기 위해 전국을 (㉡)개의 주로 나누었고, 군사 제도를 새로 고쳐 도읍을 지키는 군대인 (㉢)을 만들었어요.

	㉠	㉡	㉢
①	국학	9	9서당
②	태학	9	6서당
③	국학	6	6서당
④	태학	6	9서당

어휘

대중화 많은 사람에게 널리 퍼져 친숙해짐. 또는 그렇게 되게 함.

문화재 문화적 가치가 뛰어나서 법으로 보호를 받거나 받아야 하는 유물 및 유적.

보급 어떤 것을 널리 퍼뜨려 여러 사람이 누리게 함.

석굴 바위에 뚫린 굴.

인공 자연적인 것이 아니라 사람의 힘으로 만들어 낸 것.

저잣거리 가게가 죽 늘어서 있는 거리.

01 초성을 참고하여 뜻에 알맞은 낱말을 빈칸에 쓰세요.

(1) ㅁ ㅎ ㅈ : 문화적 가치가 뛰어나서 법으로 보호를 받거나 받아야 하는 유물 및 유적. ➡ [ ]

(2) ㅂ ㄱ : 어떤 것을 널리 퍼뜨려 여러 사람이 누리게 함. ➡ [ ]

(3) ㅇ ㄱ : 자연적인 것이 아니라 사람의 힘으로 만들어 낸 것. ➡ [ ]

02 (   ) 안에서 알맞은 낱말을 골라 ○ 하세요.

(1) **석굴** (도로 | 바위)에 뚫린 굴.

(2) **대중화** 많은 사람에게 널리 퍼져 (친숙해짐 | 낯설어짐). 또는 그렇게 되게 함.

(3) **저잣거리** (정자 | 가게)가 죽 늘어서 있는 거리.

03 (   ) 안에 알맞은 낱말을 보기에서 찾아 기호를 쓰세요.

보기 ㉠ 보급 ㉡ 저잣거리 ㉢ 문화재 ㉣ 인공 ㉤ 대중화 ㉥ 석굴

(1) 거실을 헝겊으로 만든 (   ) 꽃으로 장식했어요.

(2) 세종 대왕은 백성을 위해 한글을 만들어 (   )했어요.

(3) 절벽에 뚫린 수많은 (   )을 멀리서 보면 꼭 개미굴처럼 보여요.

(4) 옛날 (   )는 항상 물건을 사려는 사람들로 북적이고 활기가 넘쳤어요.

(5) 비행기 이용이 (   )되어서 공항에는 항상 사람들이 많아요.

(6) 우리 동네에서 삼국 시대의 (   )가 발견되어 뉴스에 나왔어요.

신라, 불교문화를 꽃피우다

신라는 불교를 중심으로 문화를 크게 꽃피웠어요. 옛 고구려와 백제 문화를 받아들이고, 중국의 당 문화까지 받아들이면서 더욱 발전했지요.

신라의 불교를 더욱 발전시킨 승려는 원효와 의상이에요. 원효는 귀족 중심이었던 불교를 평민에게까지 널리 보급해 대중화에 앞장섰어요. 원효는 전국을 돌아다니며 저잣거리나 뒷골목에서 백성들을 직접 만나 '나무아미타불'만 열심히 외우면 부처님께 구원받을 수 있다고 알려 주었어요. 의상은 당에서 불교 공부를 하고 돌아와 왕의 명령으로 낙산사와 부석사를 지었어요. 그리고 귀족과 백성들에게 "하나가 전체요, 전체가 하나."라고 외치며 부처님 안에서 신라의 모든 백성들이 하나가 되어야 한다고 강조했어요. 원효와 의상의 노력 덕분에 불교가 백성들의 삶에 뿌리내릴 수 있었지요.

신라의 대표적인 불교문화의 문화재는 유네스코 세계 문화유산으로 지정된 불국사와 석굴암이에요. 불국사는 신라에 부처님의 나라를 짓겠다는 마음으로 지은 절이에요. 불국사의 석가탑 안에서는 세계에서 가장 오래된 목판 인쇄물인 『무구 정광 대다라니경』이 발견되었지요. 석굴암은 사람들이 인공으로 만든 석굴로 엄청나게 무거운 돌들을 무너지지 않게 쌓아 만든 아주 특별한 건축물이에요.

봉덕사에 있던 거대한 성덕 대왕 신종도 신라의 대표적인 불교 문화재인데, 이 종을 치면 '에밀레'라는 소리가 들린다고 해서 '에밀레종'이라고도 불려요. 이 종은 정교하게 새겨진 조각과 아름다운 종소리로 세계적으로 인정받았지요.

01 원효와 의상 중에서 누구에 대한 설명인지 쓰세요.

- 전국을 돌아다니며 저잣거리나 뒷골목에서 백성들을 직접 만났어요.
- 백성들에게 '나무아미타불'만 외우면 구원받을 수 있다고 했어요.

(1) (　　　　　　　　)

- 왕의 명령으로 낙산사와 부석사를 지었어요.
- "하나가 전체요, 전체가 하나."라고 외치며 하나가 되어야 함을 강조했어요.

(2) (　　　　　　　　)

02 (　　) 안에 알맞은 말을 보기에서 찾아 기호를 쓰세요.

보기

㉠ 석굴암

㉡ 불국사

(1) 신라에는 부처님의 나라를 짓겠다는 마음으로 지은 절인 (　　　　)이/가 있어.

(2) 신라에는 사람들이 인공으로 만든 석굴인 (　　　　)도 있어.

03 불국사의 석가탑에서 발견된, 세계에서 가장 오래된 목판 인쇄물의 이름을 쓰세요.

『　　　　　　　　　　』

04 신라 불교에 대한 설명이 맞으면 '예', 틀리면 '아니요'에 ○ 하세요.

(1) 신라의 대표적인 문화재는 유네스코 세계 문화유산으로 지정된 성덕 대왕 신종이에요. (예 / 아니요)

(2) 석굴암은 사람들이 인공으로 만든 석굴로 엄청나게 무거운 돌들을 무너지지 않게 쌓아 만든 건축물이에요. (예 / 아니요)

(3) 에밀레종은 정교하게 새겨진 조각과 아름다운 종소리로 세계적으로 인정받았어요. (예 / 아니요)

어휘

개입 자신과 직접적인 관계가 없는 남의 일에 끼어듦.

서역 중국의 서쪽에 있던 여러 나라를 통틀어 부르는 말.

암살 주로 정치적으로 중요한 사람을 몰래 죽임.

장악 세력이나 권력 같은 것을 잡아 무엇을 마음대로 할 수 있게 됨.

쟁탈전 바라는 것을 서로 빼앗으려고 하는 싸움.

해적 배를 타고 다니면서 다른 배나 바닷가 마을을 공격해 재물을 빼앗는 도둑.

01 낱말의 뜻을 보기에서 찾아 기호를 쓰세요.

보기

㉠ 배를 타고 다니면서 다른 배나 바닷가 마을을 공격해 재물을 빼앗는 도둑.
㉡ 세력이나 권력 같은 것을 잡아 무엇을 마음대로 할 수 있게 됨.
㉢ 주로 정치적으로 중요한 사람을 몰래 죽임.
㉣ 자신과 직접적인 관계가 없는 남의 일에 끼어듦.
㉤ 중국의 서쪽에 있던 여러 나라를 통틀어 부르는 말.
㉥ 바라는 것을 서로 빼앗으려고 하는 싸움.

(1) 장악 (　　　)　(2) 쟁탈전 (　　　)　(3) 암살 (　　　)
(4) 해적 (　　　)　(5) 개입 (　　　)　(6) 서역 (　　　)

02 밑줄 친 낱말이 바르게 쓰인 것을 모두 찾아 ✓ 하세요.

(1) 노래 경연 대회에서 대상을 받으려는 가수들의 <u>쟁탈전</u>이 치열했어요. ☐

(2) 옛날에 인도에 사는 <u>서역</u> 사람들이 중국을 거쳐 신라로 왔어요. ☐

(3) 장사꾼은 산길을 가다가 <u>해적</u>을 만나 물건을 빼앗겼어요. ☐

03 빈칸에 알맞은 글자를 모두 찾아 ○ 하세요.

(1) 지하철에서 우리가 하는 이야기를 듣고 있던 어떤 언니가 우리 일에 ☐☐했어요.
개 편 입 발

(2) 실시간 검색어를 ☐☐한 연예인이 텔레비전에 나왔어요.
건 장 악 수

(3) 귀족들은 왕을 죽이려고 ☐☐ 계획을 세웠어요.
등 난 암 살

기울어 가는 신라

신라는 통일 이후 중국의 문물을 받아들이고, 서역과도 교류하면서 번성했어요. 하지만 진골 귀족이 반란을 일으켜 나이 어린 혜공왕을 죽이고 왕위 쟁탈전을 벌이면서부터 신라는 기울기 시작했어요. 150여 년 동안 20번이나 왕이 바뀔 정도로 귀족들은 백성을 돌보지 않고 왕위 쟁탈전을 벌였어요.

제37대 왕인 선덕왕이 죽었을 때 일이었어요. 다음 왕위는 무열왕의 후손인 김주원이 이어받게 되었는데, 김주원이 큰비로 강물이 불어 궁궐에 오지 못하는 상황을 틈타 상대등이었던 김경신이 왕위를 차지해 원성왕이 되었어요. 이에 불만을 품었던 김주원의 아들 김헌창은 헌덕왕 때 반란을 일으켰어요. 김헌창은 웅주에서 새 나라 장안을 세우겠다고 발표하고 신라와 전쟁을 벌였으나 결국 신라군의 공격으로 반란은 실패했지요.

해상왕이라고 불리는 평민 출신의 장보고 장군은 신라의 바다에서 해적을 물리치고, 해상 무역을 장악해 세력을 키웠어요. 점점 세력을 키운 장보고는 왕위 쟁탈전에 개입했어요. 신무왕이 왕위에 오르도록 도운 다음, 신무왕의 아들과 자기 딸을 결혼시켜 왕비로 만들려고 했어요. 하지만 신무왕의 아들 문성왕과 귀족들은 장보고의 세력이 더 커지는 것을 걱정해 장보고를 암살했어요.

진골 귀족들이 왕위 쟁탈전을 벌이는 동안 지방에서는 호족 세력이 성장했어요. 호족들은 군대를 거느리며 재산을 모아 힘을 키웠어요. 스스로 성주, 장군, 심지어 왕이라 칭하며 지방을 직접 다스리고 세금을 거두었어요. 대표적인 인물이 후백제를 세운 견훤과 후고구려를 세운 궁예예요.

▲ 적산법화원 장보고 동상

01 친구들의 물음에 알맞은 사람은 누구인지 쓰세요.

어린 나이에 왕위에 올라 진골 귀족들의 반란으로 죽임을 당한 왕은 누구일까?

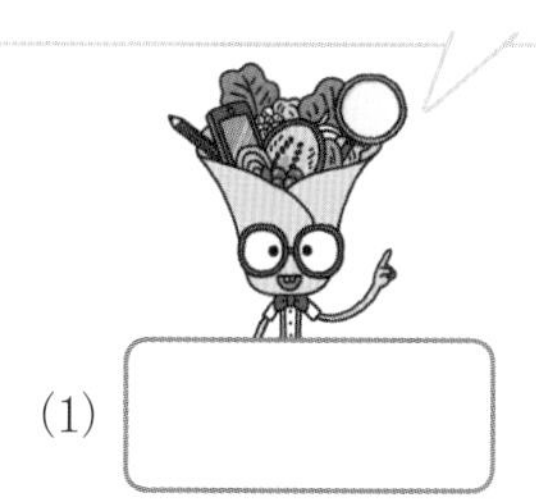

(1) (   )

김주원이 궁궐에 오지 못하는 상황을 틈타 왕위를 차지한 왕은 누구일까?

(2) (   )

신라 바다에서 해적을 물리치고 해상왕이라고 불렸던 장군은 누구일까?

(3) (   )

02 김헌창의 반란에 대한 글을 읽고, 알맞은 말에 ○ 하세요.

김헌창은 (**금성** | **웅주**)에서 새 나라 장안을 세우겠다고 발표하고 신라와 전쟁을 벌였어요. 그러나 신라군의 공격을 받아 결국 반란은 (**실패** | **성공**)했어요.

03 신라에 대해 바르게 말한 아이를 모두 찾아 이름을 쓰세요. (,   )

- **도윤**: 혜공왕의 죽음 이후 왕위 쟁탈전은 사라지고 신라는 안정되었어.
- **수아**: 김주원은 무열왕의 후손으로 왕위를 이어받게 되어 있었어.
- **준우**: 장보고는 평민 출신으로 해상 무역을 장악하며 세력을 키웠어.
- **지유**: 장보고는 신무왕과 자기 딸을 결혼시켜 왕비로 만들려고 했어.

04 장보고와 호족에 대한 설명으로 틀린 것을 고르세요. (   )

① 장보고는 문성왕과 귀족들에게 암살당했어요.

② 장보고는 왕위 쟁탈전에 개입했어요.

③ 호족 세력은 도읍에서 왕위를 두고 다투었어요.

④ 호족은 자신을 성주, 장군, 심지어 왕으로 칭했어요.

어휘

견제 상대방이 자유롭게 행동하거나 힘이 강해지지 못하도록 함.
기호 3번 우수애! 회장으로 3번을 뽑아 주세요!
저 3번이 회장 될 가능성이 가장 커. 3번을 견제해야 해!
대립 생각이나 의견, 입장이 서로 반대되거나 맞지 않음.
내 말이 맞는다니까!
아니, 아니야! 내 말이 맞아!
두 사람의 의견 대립이 심하네.
이주 개인이나 종족, 민족 등의 집단이 원래 살던 지역을 떠나 다른 지역으로 이동해서 삶.
우아, 외국인이 한국말을 정말 잘하시네요.
한국으로 이주를 한 지 벌써 10년 가까이 되었어.
피신 위험을 피해서 안전한 곳으로 몸을 숨김.
독가스다! 피신, 피신해라!
꺄아악~
미안!
뿌~웅!
핍박 강하게 억눌러서 몹시 괴롭게 함.
야, 어디로 가는 거야? 이것도 하고, 저것도 해야지!
더 이상 대장의 핍박을 견딜 수 없어요. 떠날 거예요.
회복 원래의 상태로 돌이키거나 원래의 상태를 되찾음.
아!
동생아, 이제 혼자 밥 먹을 정도로 회복된 것 같은데……

01 뜻에 알맞은 낱말을 보기 에서 찾아 빈칸에 쓰세요.

보기 핍박 피신 견제 대립 이주 회복

(1) 생각이나 의견, 입장이 서로 반대되거나 맞지 않음. .... ☐

(2) 강하게 억눌러서 몹시 괴롭게 함. .... ☐

(3) 위험을 피해서 안전한 곳으로 몸을 숨김. .... ☐

(4) 원래의 상태로 돌이키거나 원래의 상태를 되찾음. .... ☐

(5) 상대방이 자유롭게 행동하거나 힘이 강해지지 못하도록 함. .... ☐

(6) 개인이나 종족, 민족 등의 집단이 원래 살던 지역을 떠나 다른 지역으로 이동해서 삶. .... ☐

02 빈칸에 알맞은 낱말이 차례대로 묶인 것을 고르세요. (   )

- 지진 대피 훈련을 하면서 대피 공간으로 ☐하는 방법을 배웠어요.
- 우리 가족은 서울에서 제주도로 ☐할 계획을 가지고 있어요.
- 지난달 대회에서 꼴찌를 한 수아는 명예 ☐을 위해 열심히 달렸어요.

① 이주 – 회복 – 피신　　② 회복 – 이주 – 피신

③ 피신 – 회복 – 이주　　④ 피신 – 이주 – 회복

03 (   ) 안에서 알맞은 낱말을 골라 ○ 하세요.

(1) 상대편 선수 중 가장 잘하는 선수를 방어하며 집중 (**검사** | **견제**)를 했어요.

(2) 우리나라는 일본의 지배를 받으며 학대와 (**핍박** | **천벌**)을 받았어요.

(3) 두 모둠은 토론하면서 의견 (**대립** | **대답**)이 심했어요.

고구려 유민이 세운 발해

고구려가 멸망한 뒤에 고구려 사람들은 중국 당의 지배를 받았어요. 당은 고구려 사람들이 나라를 다시 일으키려고 계속 저항하자 고구려의 왕족과 백성들을 당의 영토인 영주로 강제 이주를 시켰어요.

영주에는 고구려 유민뿐만 아니라 말갈족과 거란족도 있었는데, 당 관리들의 터무니없는 세금 요구와 핍박으로 하루도 편할 날이 없었어요. 그러던 어느 날 거란족이 반란을 일으키자 고구려 장수였던 대조영은 고구려 유민과 말갈 사람들을 데리고 영주를 탈출했어요. 그리고 곧바로 쫓아온 당의 군대를 피해 천문령이라는 골짜기에 피신해 있다가 쫓아오는 당의 군대를 크게 무찔렀지요.

대조영은 고구려의 옛 땅인 동모산에 고구려 정신을 이어받은 나라, '진'을 세웠어요. 대조영은 당과 대립하던 돌궐에 사신을 보내 당의 침입에 대비했고, 신라에도 사신을 보내 외교 관계를 맺었지요. 진의 힘이 점점 세지자 당은 대조영에게 '발해 군왕'이라는 이름을 주고 나라로 인정했어요. 진은 이후 나라 이름을 '발해'로 고쳤어요.

대조영이 죽고 아들 무왕이 왕위에 올랐어요. 무왕은 고구려의 옛 영토 대부분을 회복해 나갔어요. 발해가 빠르게 성장하자 당은 발해를 견제하기 위해 흑수 말갈과 손을 잡았어요. 무왕은 당과 흑수 말갈이 공격해 올 것을 예상해 먼저 흑수 말갈을 공격했어요. 그리고 흑수 말갈과의 전쟁에서 승리를 거둔 후 장문휴 장군을 앞세워 당의 산둥반도를 공격해 큰 승리를 거두었지요. 무왕은 과감한 지도력으로 나라의 기틀을 단단히 다졌답니다.

▲ 고구려 기와 (국립 중앙 박물관)

▲ 발해 기와 (국립 중앙 박물관)

01 당의 영토인 영주에 고구려 유민과 함께 있던 사람들을 모두 찾아 ○ 하세요.

말갈족	백제 유민	거란족	호족

02 고구려가 멸망한 뒤에 일어난 일로 맞는 것끼리 짝 지어진 것을 고르세요. (   )

㉠ 당은 백제의 왕족, 백성들을 영주로 강제 이주를 시켰어요.
㉡ 당의 관리들은 고구려 유민뿐만 아니라 말갈족과 거란족을 핍박했어요.
㉢ 대조영은 고구려 유민과 거란 사람들을 데리고 영주를 탈출했어요.
㉣ 대조영은 천문령이라는 골짜기에 피신해 있다가 당의 군대를 물리쳤어요.

① ㉠, ㉢ ② ㉢, ㉣ ③ ㉡, ㉣ ④ ㉡, ㉢

03 대조영에 대한 설명이 맞으면 ○, 틀리면 ╳ 하세요.

(1) 옛 백제의 땅에 진이라는 나라를 세웠어요. (   )
(2) 당과 대립하던 민족인 돌궐에 사신을 보내 당의 침입에 대비했어요. (   )
(3) 진을 하나의 나라로 인정해 달라고 당에 부탁했어요. (   )
(4) 당으로부터 '발해 군왕'이라는 이름을 받고, 진을 나라로 인정받았어요. (   )

04 무왕에 대한 글을 읽고, 초성을 참고하여 알맞은 말을 차례대로 쓰세요.

발해의 무왕은 당과 손을 잡은 [ㅎ][ㅅ][ㅁ][ㄱ]을 공격해 승리를 거두었어요.
그 후에 장문휴 장군을 앞세워 당의 [ㅅ][ㄷ][ㅂ][ㄷ]를 공격해 큰 승리를 거두었어요.

[   ], [   ]

어휘

계획도시 도시 계획에 의하여 건설된 도시.
계획도시네. 계획해서 세운 도시라 도로가 반듯반듯하구나.
교통로 교통에 이용하는 길로, 사람, 낙타, 배, 수레 같은 것이 다니는 길.
서울
부산
서울에서 부산까지 어떤 교통로로 갈 수 있지?
육상 교통로를 이용해 버스나 기차를 탈 수 있고, 항공 교통로로 비행기를 이용할 수 있지.
번영 어떤 사회나 조직이 잘되어 물질적으로 넉넉해짐.
맛있게 먹는 내 모습이 잘 나오게 찍어야 해!
식당의 번영을 위한 광고니까 잘 찍을게.
수용 남의 생각, 의견, 문화 같은 것을 받아들임.
엄마, 저 숙제 다 했어요. 이제는 축구하러 나가도 될 것 같아요.
네 의견을 수용해 줄게. 축구하고 오렴.
특산물 어떤 지역에서 특별히 생산되는 물건.
특산물
자, 우리나라 특산물 이름 말하기 놀이를 할까요?
제주 감귤!
여주 쌀!
횡성 한우!
한우는 횡성이다 이거지? 어서 횡성으로 가야겠다.

01 뜻에 알맞은 낱말이 되도록 보기 에서 글자를 모두 찾아 빈칸에 쓰세요.

보기 특 계 획 산 도 물 시

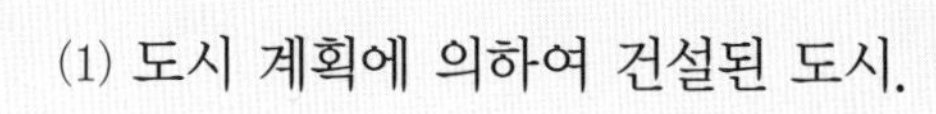

(1) 도시 계획에 의하여 건설된 도시.

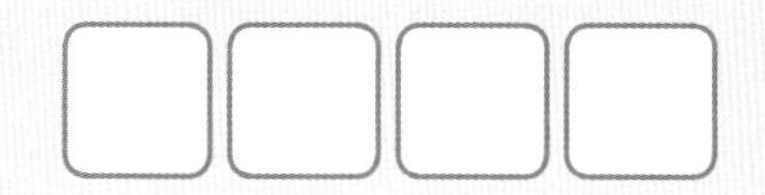

(2) 어떤 지역에서 특별히 생산되는 물건.

02 낱말의 뜻을 찾아 선으로 이으세요.

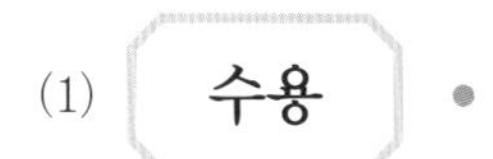

(1) 수용 •　　• ㉠ 남의 생각, 의견, 문화 같은 것을 받아들임.

(2) 번영 •　　• ㉡ 교통에 이용하는 길로, 사람, 낙타, 배, 수레 같은 것이 다니는 길.

(3) 교통로 •　　• ㉢ 어떤 사회나 조직이 잘되어 물질적으로 넉넉해짐.

03 빈 곳에 알맞은 낱말을 보기 에서 찾아 쓰세요.

보기 번영 특산물 수용 교통로 계획도시

(1) 육지와 섬을 연결하는 ________가 생겨 섬까지 자동차로 갈 수 있어요.

(2) 전통 시장의 ________을 위해 다양한 행사를 열었어요.

(3) 제주도에 가서 감귤, 한라봉, 백년초와 같은 제주도 ________을 샀어요.

(4) 세종특별자치시는 국토 균형 발전을 위해 건설된 ________예요.

(5) 선생님은 쉬는 시간을 늘려 달라는 의견은 ________하기 어렵다고 하셨어요.

발해는 왜 해동성국이라 불렸을까?

발해는 중국 당이 '해동성국'이라고 부를 정도로 크게 성장했어요. 해동성국은 '바다 동쪽의 번성한 나라'라는 뜻이지요.

발해를 탄탄하게 발전시킨 왕은 제3대 문왕이에요. 문왕은 나라의 안정을 위해 먼저 당에 사신을 보내 외교 관계를 맺고 서로 평화롭게 지내기로 약속했어요. 그리고 당의 앞선 문화나 제도를 적극적으로 수용하여 발해의 제도를 바꾸어 나갔지요. 나라가 커지고 사람들이 많아지자 도읍인 동모산이 비좁았어요. 그래서 도읍을 두만강 하류의 중경으로 옮겼다가 그곳도 비좁아지자 목단강 유역인 상경으로, 다시 동경으로 옮겼어요. 그리고 마지막으로 다시 상경으로 옮겼어요.

문왕은 상경성을 당의 도읍인 장안성을 본떠 건설했어요. 계획도시로 만들어진 상경성은 널따란 광장이 있고, 길은 곧게 뻗어 있었어요. 또 상경을 중심으로 5개의 교통로를 닦아 당, 거란, 신라, 일본 같은 주변국을 오가며 활발하게 무역을 했어요.

발해를 전성기로 이끈 왕은 선왕이에요. 선왕은 만주 대부분의 땅과 연해주까지 정벌했어요. 그리고 가죽, 말, 철 같은 특산물을 주변국과 무역하면서 경제적으로 큰 번영을 누렸어요. 그중에 담비 가죽이 인기가 좋아서 여러 나라에 수출했어요. 특히 당과 활발하게 교류해 산둥반도 일대에 발해 사신들의 숙소인 발해관이 있을 정도였지요. 최강대국이었던 당이 해동성국이라고 인정할 정도였으니 발해가 얼마나 강한 나라였는지 짐작할 수 있어요.

01 발해에 대해 바르게 말한 친구를 모두 찾아 ○ 하세요.

02 발해의 도읍이 어떻게 바뀌었는지 알맞은 이름을 보기 에서 찾아 쓰세요.

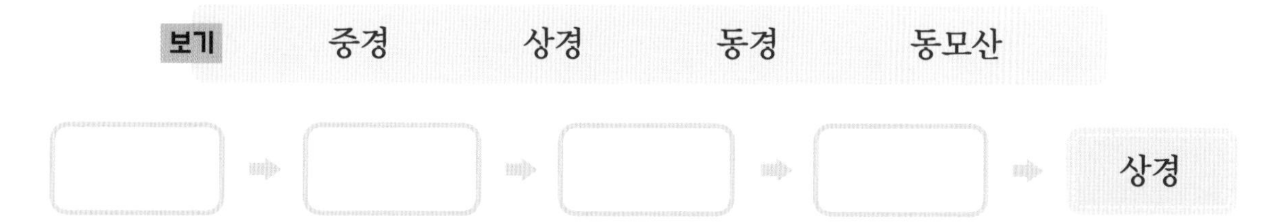

(   ) ➡ (   ) ➡ (   ) ➡ (   ) ➡ 상경

03 발해에 대한 설명이 바른 것을 모두 고르세요. (,   )

① 발해를 전성기로 이끈 왕은 문왕이에요.

② 선왕은 만주 대부분의 땅과 연해주까지 정벌했어요.

③ 발해의 특산물 중 특히 담비 가죽이 인기가 좋았어요.

④ 신라에는 발해 사신들의 숙소인 발해관이 있었어요.

04 (   ) 안에 알맞은 말을 보기 에서 찾아 기호를 쓰세요.

보기

㉠ 해상 왕국

㉡ 해동성국

당은 발해를 '바다 동쪽의 번성한 나라'라는 뜻인 (   )이라고 불렀어.

뜻에 알맞은 낱말을 찾아 색칠하고, 나타난 그림의 이름을 말해 보세요.

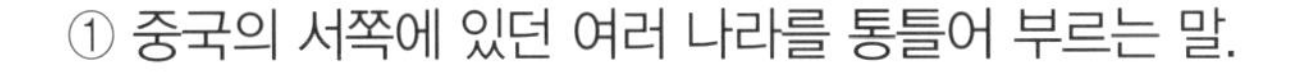

① 중국의 서쪽에 있던 여러 나라를 통틀어 부르는 말.

② 아내의 아버지를 부르는 말.

③ 개인이나 종족, 민족 등의 집단이 원래 살던 지역을 떠나 다른 지역으로 이동해서 삶.

④ 문화적 가치가 뛰어나서 법으로 보호를 받거나 받아야 하는 유물 및 유적.

⑤ 위험을 피해서 안전한 곳으로 몸을 숨김.

⑥ 바라는 것을 서로 빼앗으려고 하는 싸움.

⑦ 어떤 지역에서 특별히 생산되는 물건.

⑧ 도시 계획에 의하여 건설된 도시.

⑨ 자연적인 것이 아니라 사람의 힘으로 만들어 낸 것.

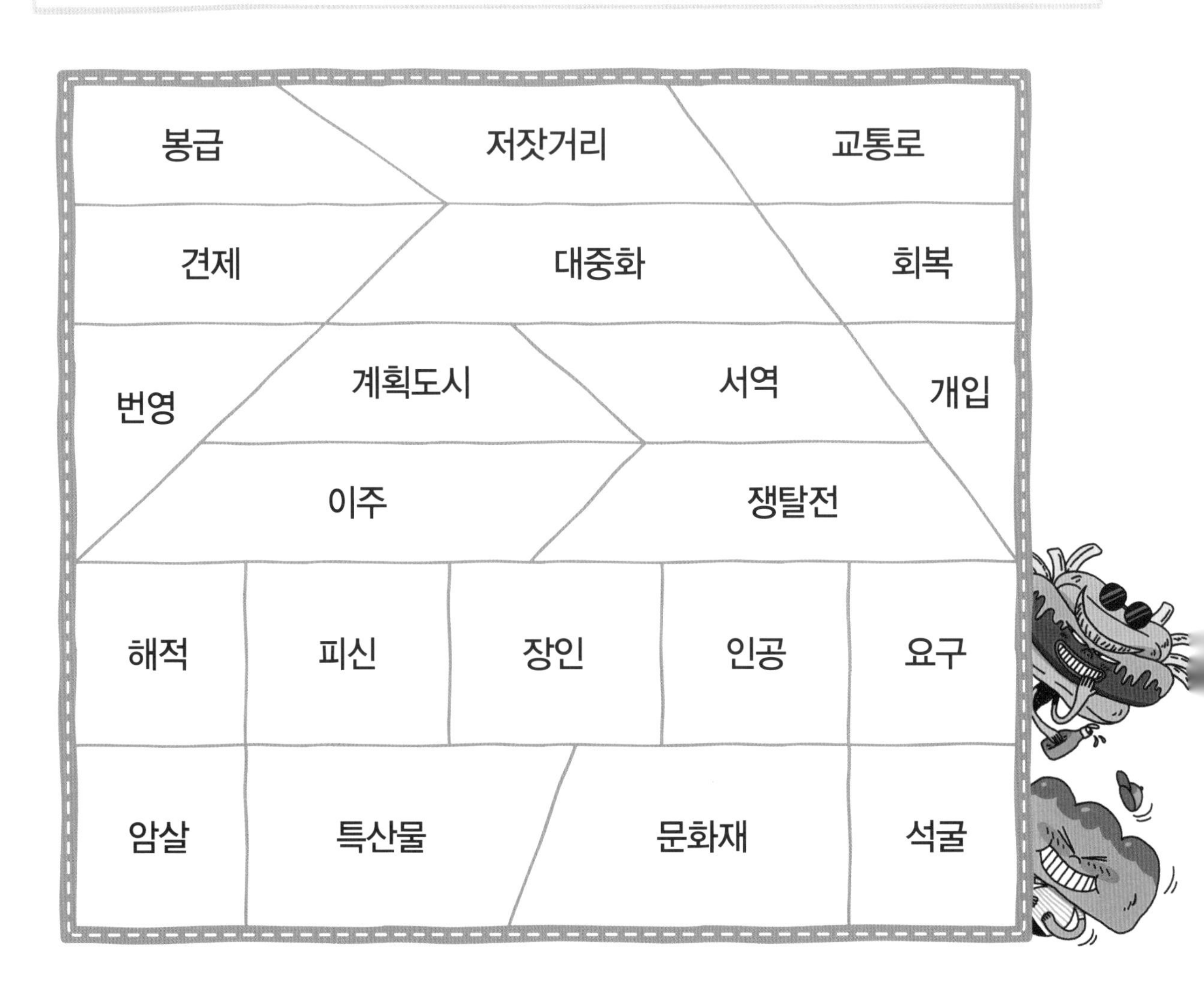

글의 내용이 맞으면 '예', 틀리면 '아니요'를 따라가 만나는 친구에게 ◯ 하세요. 그리고 화살표를 따라가면서 만난 글자를 차례대로 빈칸에 쓰세요.

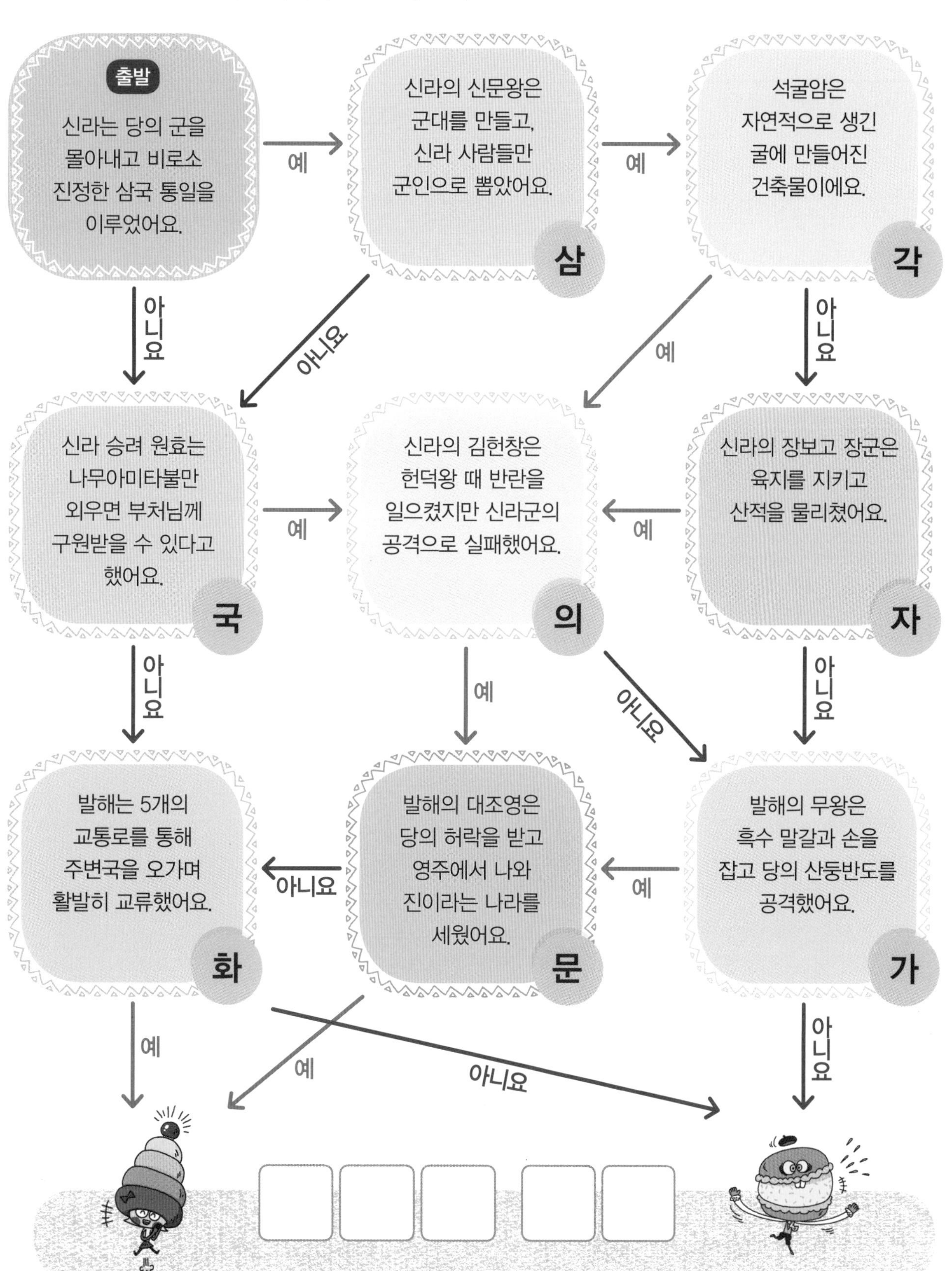

제망매가

생사 길은
예 있으매* 머뭇거리고,
나는 간다는 말도
몯다* 이르고[1] 어찌 갑니까.
어느 가을 이른[2] 바람에
이에 저에* 떨어질 잎처럼,
한 가지에 나고
가는 곳 모르온저.*
아아, 미타찰에서 만날 나
도 닦아 기다리겠노라.

* 있으매: 있으므로
* 몯다: 못다
* 이에 저에: 여기저기에
* 모르온저: 모르겠구나.

「제망매가」는 어떤 노래일까요?

신라 시대의 승려인 월명사가 죽은 누이를 위해 제사를 지내며 불렀던 노래예요. 젊은 나이에 죽은 누이를 '이른 바람에 떨어질 잎'으로, 월명사와 누이를 낳아 준 부모님을 '한 가지'로 표현했어요. 노래에 불교적 신앙을 바탕으로 다시 만날 것을 간절히 바라는 마음을 담고 있어요.

월명사 글, 김완진 옮김, 『향가 해독법 연구』, 서울대학교출판부

01 이 노래에 대해 틀리게 말한 친구를 찾아 ○ 하세요.

이 노래는 신라 시대 승려인 월명사가 지었어.

죽은 누이를 위해 제사를 지내며 불렀던 노래야.

부모님과 누이의 죽음을 안타까워하는 마음을 표현했어.

누이를 다시 만나기를 간절히 바라는 마음을 담았어.

02 노래의 가사가 무엇을 나타내는지 선으로 이으세요.

(1) 한 가지 •   • ㉠ 죽은 누이

(2) 떨어질 잎 •   • ㉡ 부모님

03 부처님이 있는 극락세계를 나타내는 말로, 빈칸에 알맞은 말을 쓰세요.

아아, ☐에서 만날 나
도 닦아 기다리겠노라.

☐

어휘 풀이

- **생사** 삶과 죽음.
- **예** '여기'의 준말. 이 노래에서는 지금 살고 있는 세상을 말함.
- **머뭇거리다** 말이나 행동을 선뜻 하지 못하고 자꾸 망설이다.
- **이르다**(1) 어떤 것을 말하다.
- **이르다**(2) 기준이 되는 때보다 앞서거나 빠르다.
- **미타찰** 불교에서 사용하는 말. 아미타 부처님이 있는 서방 극락세계.
- **도** 도덕적 또는 종교적 진리.

한국사 1권 1주 해답

1일 어휘 (11쪽)

01 (1) ㅂ (2) ㄹ (3) ㄴ (4) ㅁ (5) ㄱ (6) ㄷ

02 (1) 움, 집 (2) 목, 축 (3) 정, 착

03 ②

1일 독해 (13쪽)

01 뗀석기, 간석기

02 (1) 신석기 (2) 신석기 (3) 구석기
(4) 구석기 (5) 신석기

03 (1) ㄱ (2) ㄴ

04 청동

2일 어휘 (15쪽)

01 (1) 노비 (2) 부족 (3) 확장

02 (1) ㄷ (2) ㄱ (3) ㄴ

03 (1) 노비 (2) 지배 (3) 농경 (4) 부족
(5) 제사장 (6) 확장

2일 독해 (17쪽)

01 ㄴ, ㄷ, ㄱ, ㄹ

02 단군왕검, 단군, 왕검

03 롱이, 핫또야

04 청동기, 철기, 철

3일 어휘 (19쪽)

01 (1) 유민 (2) 기름지다 (3) 멸망
(4) 너르다 (5) 평야 (6) 침입

02 빵이, 꽈리

03 (1) ㄷ (2) ㄴ (3) ㄱ

3일 독해 (21쪽)

01 (1) × (2) ○ (3) × (4) ○

02 (1) 말 (2) 소 (3) 돼지 (4) 개

03 (1) 동예 (2) 옥저

04 ①

4일 어휘 (23쪽)

01 (1) 습, 기 (2) 태, 자 (3) 촌, 장

02 (1) 맞힌다 (2) 가까운

03 (1) ㄹ (2) ㅁ (3) ㄱ (4) ㄴ (5) ㄷ

4일 독해 (25쪽)

01 (1) ㄷ (2) ㄱ (3) ㄴ

02 (1) 주몽 (2) 박혁거세

03 ④

04 (1) ㄴ (2) ㄷ (3) ㄱ

5일 어휘 (27쪽)

01 (1), (3), (5)

02 (1) 연맹 (2) 무역

03 (1) 교류 (2) 문물 (3) 번성

5일 독해 (29쪽)

01 낙동강, 아홉(9)

02 ④

03 (1) ○ (2) ○ (3) × (4) ○ (5) ×

04 철

6일 복습 (30~31쪽)

① 제사장
② 유민
③ 목축
④ 촌장
⑤ 번성
⑥ 정착
⑦ 확장
⑧ 습기

1일 어휘 (35쪽)

01 (1) 밀접한 (2) 나랏일 (3) 큰

02 (1) 율령 (2) 등급 (3) 정복

03 (1) 등급 (2) 외교 (3) 전성기 (4) 율령
(5) 관리 (6) 정복

1일 독해 (37쪽)

01 롱이

02 고이왕, 근초고왕

03 ③

04 서기

2일 어휘 (39쪽)

01 (1) ㉡ (2) ㉤ (3) ㉣ (4) ㉠ (5) ㉢

02 (1) 신성 (2) 국보 (3) 유교

03 (1) 영해 (2) 영험한

2일 독해 (41쪽)

01 칠지도

02 ②

03 (1) 군사적 (2) 절

04 (1) 백제 (2) 성왕

3일 어휘 (43쪽)

01 (1) 능력 (2) 기틀 (3) 수도 (4) 땅 (5) 침략
(6) 임금

02 (1) 영, 토 (2) 기, 틀 (3) 인, 재 (4) 도, 읍

03 (1) ㉡ (2) ㉠

한국사 1권 2주 해답

3일 독해 (45쪽)

01 (1) 광개토 대왕 (2) 소수림왕 (3) 장수왕

02 (1) × (2) ○ (3) ○ (4) ○

03 희원, 성철

04 광개토 대왕릉비

4일 어휘 (47쪽)

01 (1) ㉢ (2) ㉡ (3) ㉠

02 (1) ㉠ (2) ㉢ (3) ㉡

03 (1) 정벌 (2) 강대국 (3) 별동대 (4) 후퇴 (5) 황제 (6) 통일

4일 독해 (49쪽)

01 ④

02 (1) 장마철 (2) 태풍

03 (1) 예 (2) 아니요 (3) 아니요 (4) 예

04 살수 대첩

5일 어휘 (51쪽)

01 (1) 성주 (2) 경극 (3) 저항 (4) 패배 (5) 유언

02 ②

03 (1) 유언 (2) 저항

5일 독해 (53쪽)

01 (1), (3)

02 천리장성

03 ③

04 3, 1, 2

6일 복습 (54~55쪽)

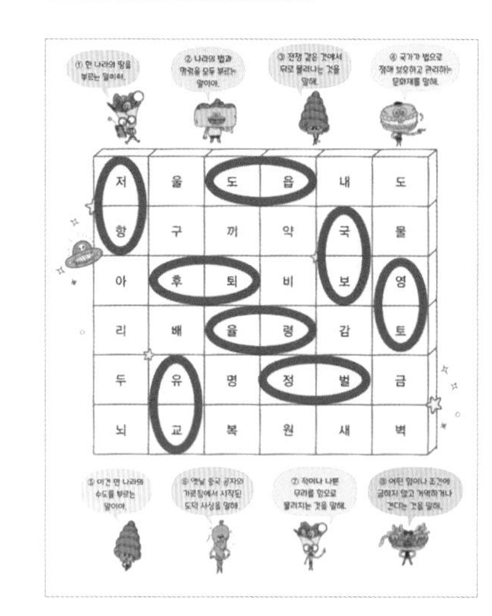

① 영토
② 율령
③ 후퇴
④ 국보
⑤ 도읍
⑥ 유교
⑦ 정벌
⑧ 저항

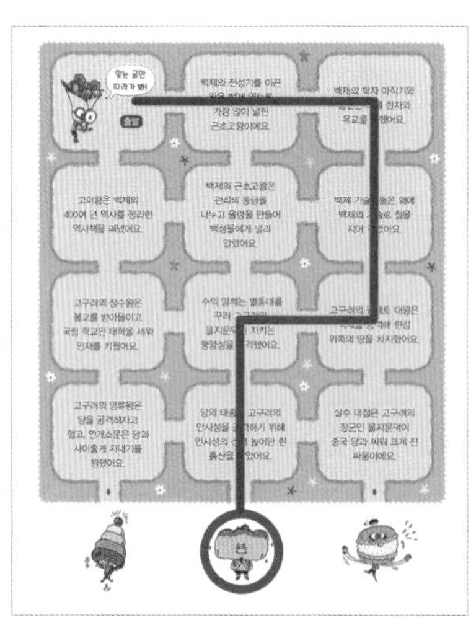

교과서 속 책 읽기 (57쪽)

01 유화의 아들 주몽

02 ①, ④

03 일곱 살, 활과 살, 활 잘 쏘는 자

한국사 1권 3주 해답

1일 어휘 (61쪽)

01 (1) 점령 (2) 경계 (3) 우경법

02 (1) 수확량 (2) 사방 (3) 정비

03 (1) ㉤ (2) ㉡ (3) ㉣ (4) ㉢ (5) ㉠ (6) ㉥

1일 독해 (63쪽)

01 산, 문화

02 거서간, 차차웅, 이사금, 마립간

03 (1) ㉡ (2) ㉢, ㉣ (3) ㉠, ㉤

04 ②

2일 어휘 (65쪽)

01 (1) 이익 (2) 자연 (3) 겁 (4) 공격해
(5) 반대하여 (6) 신하

02 (1) ㉡ (2) ㉢ (3) ㉠

03 ①

2일 독해 (67쪽)

01 (1) 덕만 공주 (2) 김춘추

02 (1) ◯ (2) ◯ (3) ✕ (4) ✕

03 ③

04 나당 동맹

3일 어휘 (69쪽)

01 (1) 돌진 (2) 연합군 (3) 울분 (4) 적진
(5) 권력 (6) 용맹

02 (1) ㉢ (2) ㉡ (3) ㉠

03 (1) ㉠ (2) ㉢ (3) ㉡

3일 독해 (71쪽)

01 김유신, 계백

02 룡이

03 연개소문

04 2, 1, 4, 3

4일 어휘 (73쪽)

01 (1) 고, 분 (2) 왕, 권 (3) 유, 물

02 (1) ㉡ (2) ㉢ (3) ㉠

03 (1) 강화 (2) 벽화 (3) 문화유산 (4) 고분
(5) 유물 (6) 왕권

4일 독해 (75쪽)

01 (1) 아니요 (2) 아니요 (3) 예

02 ②

03 진아, 선우

04 금동 연가 7년명 여래 입상

5일 어휘 (77쪽)

01 (1) ㉢ (2) ㉠ (3) ㉡

02 (1) ✕ (2) ◯ (3) ◯

03 (1) 공 (2) 소유물 (3) 포로 (4) 지불
(5) 세금 (6) 대가

5일 독해 (79쪽)

01 귀족, 평민, 노비

02 ②

03 (1) ㉡ (2) ㉠ (3) ㉢

04 (1) 노비 (2) 평민 (3) 평민 (4) 노비

6일 복습 (80~81쪽)

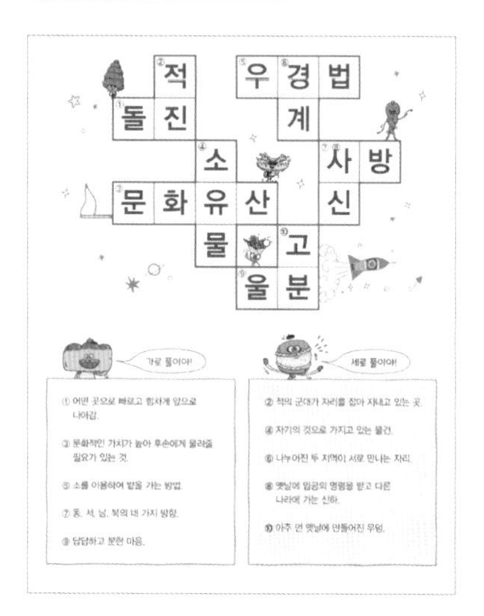

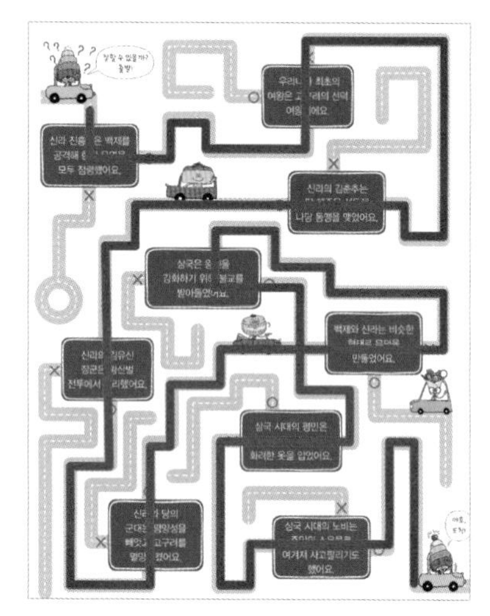

1일 어휘 (85쪽)

01 (1) ㉢ (2) ㉤ (3) ㉣ (4) ㉠ (5) ㉡

02 (1) 장인 (2) 봉급

03 (1) 약화 (2) 요구 (3) 협의

1일 독해 (87쪽)

01 (1), (4)

02 김흠돌

03 녹읍, 집사부

04 ①

2일 어휘 (89쪽)

01 (1) 문화재 (2) 보급 (3) 인공

02 (1) 바위 (2) 친숙해짐 (3) 가게

03 (1) ㉣ (2) ㉠ (3) ㉥ (4) ㉡ (5) ㉤ (6) ㉢

2일 독해 (91쪽)

01 (1) 원효 (2) 의상

02 (1) ㉡ (2) ㉠

03 무구 정광 대다라니경

04 (1) 아니요 (2) 예 (3) 예

3일 어휘 (93쪽)

01 (1) ㉡ (2) ㉥ (3) ㉢ (4) ㉠ (5) ㉣ (6) ㉤

02 (1), (2)

03 (1) 개, 입 (2) 장, 악 (3) 암, 살

3일 독해 (95쪽)

01 (1) 혜공왕 (2) 원성왕(김경신) (3) 장보고

02 웅주, 실패

03 수아, 준우

04 ③

4일 어휘 (97쪽)

01 (1) 대립 (2) 핍박 (3) 피신 (4) 회복
(5) 견제 (6) 이주

02 ④

03 (1) 견제 (2) 핍박 (3) 대립

4일 독해 (99쪽)

01 말갈족, 거란족

02 ③

03 (1) ✕ (2) ○ (3) ✕ (4) ○

04 흑수 말갈, 산둥반도

5일 어휘 (101쪽)

01 (1) 계, 획, 도, 시 (2) 특, 산, 물

02 (1) ㉠ (2) ㉢ (3) ㉡

03 (1) 교통로 (2) 번영 (3) 특산물
(4) 계획도시 (5) 수용

5일 독해 (103쪽)

01 소라, 또띠

02 동모산, 중경, 상경, 동경

03 ②, ③

04 ㉡

6일 복습 (104~105쪽)

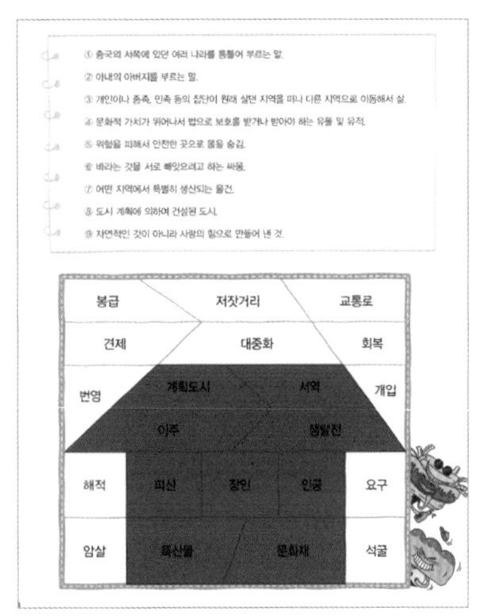

① 서역
② 장인
③ 이주
④ 문화재
⑤ 피신
⑥ 쟁탈전
⑦ 특산물
⑧ 계획도시
⑨ 인공

나타난 그림은 '집'입니다.

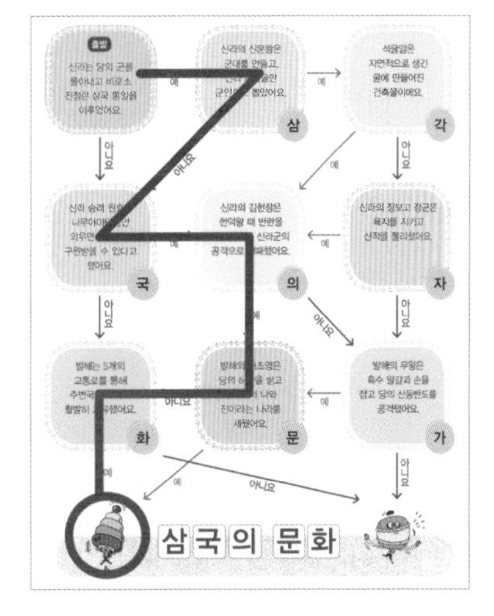

교과서 속 책 읽기 (107쪽)

01 또띠

02 (1) ㉡ (2) ㉠

03 미타찰

한국사 1권 찾아보기

ㄱ

강대국 46
강화 72
개입 92
견제 96
경계 60
경극 50
계획도시 100
고분 72
공 76
관리 34
관측 64
교류 26
교통로 100
국보 38
권력 68
기름지다 18
기틀 42

ㄴ

너르다 18
노비 14
농경 14

ㄷ

대가 76
대립 96
대중화 88
도구 10
도읍 42
돌진 68
동맹 64
등급 34

ㅁ

멸망 18
목축 10
몸치장 10
무역 26
문물 26
문화유산 72
문화재 88

ㅂ

반란 64
백발백중 22
번성 26
번영 100
벽화 72
별동대 46
보급 88
봉 84
부족 14

ㅅ

사방 60
사신 64
서역 92
석굴 88
성주 50
세금 76
소유물 76
수용 100
수확량 60
습기 22
신성 38

ㅇ

암살 92
약화 84
연맹 26
연합군 68
영토 42

영해 38
영험하다 38
왕권 72
왕위 42
외교 34
요구 84
용맹 68
우경법 60
울분 68
움집 10
위협 64
유교 38
유물 72
유민 18
유언 50
유역 22
율령 34
이주 96
인공 88
인재 42

ㅈ

장악 92
장인 84
쟁탈전 92
저잣거리 88
저항 50
적진 68
전성기 34
점령 60
정벌 46
정복 34
정비 60
정착 10
제사장 14
지배 14
지불 76

ㅊ

채집 10
촌장 22
침략 42
침입 18

ㅌ

태자 22
통일 46
특산물 100

ㅍ

패배 50
평야 18
포로 76
피신 96
핍박 96

ㅎ

함락 64
해적 92
협의 84
확장 14
황제 46
회복 96
후퇴 46

메모장